INTERNET ECONOMY

北省社会科学基金项目
北省重点学科“技术经济及管理”资助出版

网络经济背景下
京津冀产业协同发展研究

董志良 陆刚 /等著

主要撰稿人：
董志良 陆 刚 安海岗
赵燕娜 武建章 丁 超 赵 蕾

图书在版编目（CIP）数据

网络经济背景下京津冀产业协同发展研究／董志良，陆刚等著．—北京：经济科学出版社，2015.11

ISBN 978-7-5141-6167-0

Ⅰ．①网…　Ⅱ．①董…②陆…　Ⅲ．①产业经济－区域经济发展－研究－华北地区　Ⅳ．①F127.2

中国版本图书馆 CIP 数据核字（2015）第 246031 号

责任编辑：周国强
责任校对：刘　昕
责任印制：邱　天

网络经济背景下京津冀产业协同发展研究
董志良　陆　刚　等著
经济科学出版社出版、发行　新华书店经销
社址：北京市海淀区阜成路甲 28 号　邮编：100142
总编部电话：010-88191217　发行部电话：010-88191522
网址：www.esp.com.cn
电子邮件：esp@esp.com.cn
天猫网店：经济科学出版社旗舰店
网址：http://jjkxcbs.tmall.com
固安华明印业有限公司印装
710×1000　16 开　14.25 印张　270000 字
2015 年 11 月第 1 版　2015 年 11 月第 1 次印刷
ISBN 978-7-5141-6167-0　定价：52.00 元
（图书出现印装问题，本社负责调换。电话：010-88191502）

序

中共中央总书记、国家主席、中央军委主席习近平于2014年2月26日在北京主持召开座谈会，专题听取京津冀协同发展工作汇报，强调实现京津冀协同发展，是面向未来打造新的首都经济圈、推进区域发展体制机制创新的需要，是探索完善城市群布局和形态、为优化开发区域发展提供示范和样板的需要，是探索生态文明建设有效路径、促进人口经济资源环境相协调的需要，是实现京津冀优势互补、促进环渤海经济区发展、带动北方腹地发展的需要，是一个重大国家战略，要坚持优势互补、互利共赢、扎实推进，加快走出一条科学持续的协同发展路子来。

京津冀协同发展的提出是有其历史渊源的，京津冀同属京畿重地，其拥有相似的文化底蕴基础、环渤海的地理基础，从空间、文化、历史等方面均具备协同的条件，因此，我国近年来曾多次提出相似的概念。第一次是20世纪80年代中期，国家开始实施国土整治战略，将京津冀地区作为“四大”试点地区之一（其他是沪苏浙、珠江三角洲和“三西”煤炭能源基地），要求环渤海和京津冀地区开展全面的国土整治工作，以实现区域分工协作、发挥资源比较优势、治理生态环境、开展跨区域基础设施建设、优化产业和人口布局，实现区域协调发展。这次区域合作在跨区域交通基础设施建设、水资源节约利用、土壤污染等方面取得了一定成效，为以后的区域合作打下了一定基础。

第二次是21世纪初，为配合北京市新的功能定位和天津滨海新区大规模建设，由国家发改委牵头在河北廊坊举行了的京津冀三方和政府、企业和学者等各界人士参与的京津冀区域合作论坛，并达成了著名“廊坊共识”，提出了在公共基础设施、资源和生态环境保护、产业和公共服务等方面加速一体化进程的愿望；此后，国家发改委有关部门一直在据此起草有关合作规划和文件。但由于种种原因（特别是世界金融危机的爆发），该规划几经调整和修改，至今还是没有出台。

协同的目的非常明确，但不管出于什么目的的协同发展，都需要参与各方的齐心协力，共同向设定的目标努力前进。因此，目标设定以后的关键，就是如何使协同参与各方能够齐心协力发展？

通畅的信息沟通机制将成为一种有效的保障手段。信息沟通机制将带来各类信息的交换、流动，在中间，起主导作用和市场引领作用的不是政府所提供的交流手段，而是由市场交易机制提供的信息交流，信息交流引导产生的贸易、资源流动、技术交流等，都可以归结为“网络经济”。

随着互联网基础设施的逐步完善，人们对电子商务和网络经济的接受程度和认知程度也越来越深入，在各种生产、商业、生活等社会活动中，电子商务的应用也在不同程度上进行着。在交易领域，不管是零售还是批发或是大宗交易，电子商务的运用较多，且被社会大众所认可，但在生产活动中的应用，则认知程度较低，互联网和电子商务对经济结构调整和产业转型升级的认识程度就更低。换言之，在大众眼中，电子商务就是网络购物。这种认识的误区，严重阻碍了电子商务发展的同时，也降低了电子商务在产业转型升级中的影响力，妨碍了经济转型的进程。

笔者多年来一直从事河北省电子商务的发展以及电子商务对产业发展的影响研究，近年来所主持的各类项目和发表的论文均为该方向，如2013年的河北省社科基金项目“河北省电子商务发展分析及有关建议”；2014年河北省社科基金项目“互联网视角的京津冀产业协同系统序参数选择与管理”；2014年河北省教育厅重点项目“互联网思维推进京津冀传统产业转型升级协同发展研究”；2012年发表的“基于农业市场结构优化的电子商务建设路径研究”；2014年发表的“区域性商业批零企业B2B协同平台建设的利益推动机制创新研究”和“旅游电子商务客户关系研究”以及2015年的“基于投入产出法的京津冀产业发展研究”。同时笔者在以上这些成果在研究的过程中，积累了大量的企业电子商务和产业电子商务发展的基础资料，既有企业开展电子商务的基本情况，又有某个产业整体运用互联网的概况，整理出版了专著《河北省电子商务发展状况分析》。所以本著作的基本定位是：基于互联网经济高度发展的背景下的京津冀协同发展研究。为京津冀协同发展系统序参数的选择与管理提供有力的理论分析，希望借此能使互联网在京津冀产业协同发展中发挥更大作用，帮助实现区域产业转型升级。

笔者的建议只是基于自我的认知和多年研究的思考，仅供读者参考，不敢做定论。

本书在写作过程中有石家庄经济学院管理科学与工程学院2011级电子商务专业的全体同学的参与，他们帮助进行了资料的部分收集和调研工作，并对文稿做了初步的整理，期间经历的很多艰辛，在此对他们表示感谢，也希望他们能够借此任务的完成提升自身的能力，为他们打下一个坚实的产业电子商务思维。同时感谢张永礼老师、陆刚老师、丁超老师、安海岗老师、都沁军教授等的支持和帮助。

董志良　　陆　刚

2015年6月15日

目 录
CONTENTS

引　言

京津冀协同发展作为当前中国经济发展的热点之一，社会各方对其健康发展均保持着高度关注，政府、机构投资者、二级市场资本、京津冀及周边地区群众，甚至国际社会都对京津冀区域的协同发展投入了极大的热情。这种极高的关注度，也吸引了各界学者的注意力，希望用科学的研究，探寻京津冀协同发展的规律和路径；用严谨的态度，提供客观的解决方案；用翔实的资料，关注全方位的发展视角。

京津冀协同发展是一个系统工程，需要遵从科学的理念和方法进行建设，最终使这个协同发展系统能够成为可持续发展的“自组织”系统，即不再借助外力的推动，就能够进行自我演进。

现阶段该系统仍然处于发展的初期，更多地借助政府在政策、资金等方面的助推进行发展，这种发展方式的短期效果明显，但长期来看，发展的可持续性较差。所以，要想使京津冀协同发展系统能够实现长期的可持续发展，就需要进行更科学、严谨的研究，探寻在这个协同系统中，对系统演进有长期主导作用的变量，通过对这些主导变量的干预，使整个协同系统进入正常的发展轨道。

这个协同系统主导变量在协同学中，被称为“序参数”，对序参数的研究是协同理论的核心问题。

随着互联网和电子商务的发展，经济行为已经被不同程度的改变，经济主体间的关系也产生了较大变化，导致了经济发展影响因素也产生了巨大变化。因此作为京津冀协同发展中的重要组成部分，区域经济协同发展，也就产生了很多新的系统变量，即新的协同发展系统序参数。

因此本著作的研究就是以网络经济发展作为背景，研究京津冀经济协同发展系统的“序参数”，以完善区域经济协同发展系统序参数传统研究成果，补充网络经济下的协同发展研究视角。

产业协同发展可以表现为产业结构优化升级，而产业结构优化升级可以归结为产业间关联关系的变化，所以对产业间关联关系的研究就能够很好地反映产业协同发展情况。

网络经济背景下京津冀
产业协同发展研究

Chapter 1

1 网络经济概述

网络经济，一种建立在计算机网络（特别是 Internet）基础之上，以现代信息技术为核心的新的经济形态。它不仅是指以计算机为核心的信息技术产业的兴起和快速增长，也包括以现代计算机技术为基础的整个高新技术产业的崛起和迅猛发展，更包括由于高新技术的推广和运用所引起的传统产业、传统经济部门的深刻的革命性变化和飞跃性发展。因此，不能把网络经济理解为一种独立于传统经济之外、与传统经济完全对立的纯粹的“虚拟”经济。它实际上是一种在传统经济基础上产生的、经过以计算机为核心的现代信息技术提升的高级经济发展形态。

网络经济是建立在国民经济信息化基础之上，各类企业利用信息和网络技术整合各式各样的信息资源，并依托企业内部和外部的信息网络进行动态的商务活动，研发、制造、销售和管理活动所产生的经济。它建立在信息流、物流和资金流的基础之上，依靠网络实现经济。网络经济改变了企业的传统经营模式、经营理念。

网络经济有两个基本要素：经济行为主体的“集”和经济链的“集”。网络经济与其说是由经济行为主体构成，还不如说是由经济行为主体之间的特殊经济联系组成。经济行为主体以及他们之间的联系链可以是同质的，也可以是异质的。换言之，经济行为主体以及他们之间的联系链可以是同行业的，也可以是不同行业的。

对网络经济可以从狭义和广义两个方面来理解。狭义而言，网络经济主要是指以信息和计算机网络为核心的信息和通信技术的产业群体。广义而言，网络经济主要是指电信、电力、能源、交通运输等网状运行行业构成的产业群体。网络经济学者认为，网络经济已经成为规模经济或范围经济，其经济运作往往涉及一个国家的范围，甚至跨越国界，把几个国家或一个巨大的区域联结在一起。

1.1　网络经济特征

网络经济是指建立在计算机网络基础上的生产、分配、交换和消费的经济关系。它以信息为基础，以计算机网络为依托，以生产、分配、交换和消费网络产品为主要内容，以高科技为支持，以知识和技术创新为灵魂。

从经济形态上，它是信息经济或知识经济的主要形式，又称数字经济。但，其与数字经济又有区别，网络经济强调的是经济要素的网络化特征。

网络经济是知识经济的一种具体形态，这种新的经济形态正以极快的速度影响着社会经济与人们的生活。与传统经济相比，网络经济具有以下显著的特征：快捷性、高融合性、自我扩张性、边际效益递增性、外部经济性、可持续性和直接性。

1.1.1 快捷性

消除时空差距是互联网使世界发生的根本性变化之一。首先，互联网突破了传统的国家、地区界限，被网络连为一体，使整个世界紧密联系起来，把地球变成为一个“村落”。在网络上，不分种族、民族、国家、职业和社会地位、人们可以自由地交流、漫游，以此来沟通信息，人们对空间的依附性大大减小。其次，信息突破了时间的约束，使人们的信息传输、经济往来可以在更小的时间跨度上进行。网络经济可以24小时不间断运行，经济活动更少受到时间因素制约。再次，网络经济是一种速度型经济。现代信息网络可用光速传输信息，网络经济以接近于实时的速度收集、处理和应用信息，节奏大大加快了。如果说20世纪80年代是注重质量的年代，90年代是注重再设计的年代，那么，21世纪的头10年就是注重速度的时代。因此，网络经济的发展趋势应是对市场变化发展高度灵敏的“即时经济”或“实时运作经济”。最后，网络经济从本质上讲是一种全球化经济。由于信息网络把整个世界变成了“地球村”；使地理距离变得无关紧要，基于网络的经济活动对空间因素的制约降低到最小限度，使整个经济的全球化进程大大加快，世界各国的相互依存性空前加强。

1.1.2 高度融合

迅速发展的信息技术、网络技术，具有极高的渗透性功能，使得信息服务业迅速地向第一、第二产业扩张，使三大产业之间的界限模糊，出现了第一、第二和第三产业相互融合的趋势。三大产业分类法也受到了挑战。为此，学术界提出了“第四产业”的概念，用以涵盖广义的信息产业；美国著名经济学家波拉特在1977年发表的《信息经济：定义和测量》中，第一次采用四分法把产业部门分为农业、工业、服务业、信息业，并把信息业按其产品或服务是否在市场上直接出售，划分为第一信息部门和第二信息部门。第一信息部门包含现在市场中生产和销售信息机械或信息服务的全部产业，诸如计算机制造、电子通信、印刷、大众传播、广告宣传、会计、教育等。第二信息部门包括公共、官方机构的大部分和私人企业中的管理部门。除此之外，非信息部门的企业在内部生产并由内部消费的各种信息服务，也属于第二信息部门。从以上产业分类可以看出，作为网络经济的重要组成部分——信息产业已经广泛渗透到传统产业中去了。对于诸如商业、银行业、传媒业、制造业等传统产业来说，迅速利用信息技术、网络技术，实现产业内部的升级改造，以迎接网络经济带来的机遇和挑战，是一种必然选择。

不仅如此，信息技术的高渗透性还催生了一些新兴的“边缘产业”，如光学电子产业、医疗电子器械产业、航空电子产业、汽车电子产业等。以汽车电子产业为例，汽车电子装置在20世纪60年代出现，70年代中后期发展速度明显加快，80年代已经形成了统称汽车电子化的高技术产业。可以说，在网络信息技术的推动下，产业间的相互结合和发展新产业的速度大大提高。

1.1.3 自我扩张性

网络经济的自我扩张性突出表现在四大定律上：

第一，摩尔定律（Moore's Law）。

这一定律是以英特尔公司创始人之一的戈登·摩尔命名的。1965年，摩尔预测到单片硅芯片的运算处理能力，每18个月就会翻一番，而与此同时，价格则减半。实践证明，30多年来，这一预测一直比较准确，预计在未来仍有较长时间的适用期。估计到2010年，一台普通电脑的运算能力是1975年时一台普通电脑的1000万倍。

第二，梅特卡夫法则（Metcalf Law）。

$V=n^2$，其中V表示网络的效用，n表示网络用户的数量。按照此法则，网络经济的价值等于网络节点数的平方，这说明网络产生和带来的效益将随着网络用户的增加而呈指数形式增长。从目前的趋势来看，互联网的用户大约每隔半年就会增加 1 倍，而互联网的通信每隔 100 天就会翻一番。这正是凯文·凯利所说的“传真效应”，即“在网络经济中，东西越充足，价值就越大”。或者用网络外部性进行解释，即产品的用户越多，价值越大。

第三，马太效应（Matthews Effect）。

在网络经济中，由于人们的心理反应和行为惯性，在一定条件下，优势或劣势一旦出现并达到一定程度，就会导致不断加剧而自行强化，出现“强者更强，弱者更弱”的垄断局面。马太效应反映了网络经济时代企业竞争中一个重要因素——主流化。“非摩擦的基本规律其实很简单——你占领的市场份额越大，你获利就越多，也就是说，富者越富。”Compuserve 和 AOL 是美国的两家联机服务供应商，1995 年之前，Compuserve 占有市场较大份额，在相互竞争中占有优势。而从 1995 年开始，AOL 采取主流化策略，即免费赠送策略，向消费者赠送数百万份 PC 机桌面软件，“闪电般地占领了市场”，迅速赶超了 Comuserve 公司。

第四，吉尔德定律（Gilder's Law）。

据美国激进的技术理论家乔治·吉尔德预测：在可预见的未来（未来 10 年），通信系统的总带宽将以每年 3 倍的速度增长。随着通信能力的不断提高，吉尔德断言，每比特传输价格朝着免费的方向下跌，费用的走势呈现出“渐进曲线”（Asympototic Curve）的规律，价格点无限接近于零。

网络经济的四大定律不仅展示了网络经济规模与速度的自我扩张，而且提示了其内在的规律。

1.1.4 边际效益递增

边际效益随着生产规模的扩大会显现出不同的增减趋势。在工业社会物质产品生产过程中，边际效益递减是普遍规律，因为传统的生产要素——土地、资本、劳动都具有边际成本递增和边际效益递减的特征。与此相反，网络经济却显现出明显的边际效益递增性。

（1）网络经济边际成本递减。信息网络成本主要由三部分构成：一是网络建设成本，二是信息传递成本，三是信息的收集、处理和制作成本。由于信息网络可以长期使用，并且其建设费用与信息传递成本及入网人数无关。所以前两部分的边际成本为零，平均成本都有明显递减趋势。只有第三种成本与入网人数相关，即入网人数越多，所需信息收集、处理、制作的信息也就越多，这部分成本就会随之增大，但其平均成本和边际成本都呈下降趋势。因此，信息网络的平均成本随着入网人数的增加而明显递减，其边际成本则随之缓慢递减，但网络的收益却随入网人数的增加而同比例增加；网络规模越大，总收益和边际收益就越大。

（2）网络经济具有累积增值性。在网络经济中，对信息的投资不仅可以获得一般的投资报酬，还可以获得信息累积的增值报酬。这是由于一方面信息网络能够发挥特殊功能，把零散而无序的大量资料、数据、信息按照使用者的要求进行加工、处理、分析、综合，从而形成有序的高质量的信息资源，为经济决策提供科学依据。同时，信息使用具有传递效应。信息的使用会带来不断增加的报酬。举例来说，一条技术信息能将以任意的规模在生产中加以运用。这就是说，在信息成本几乎没有增加的情况下，信息使用规模的不断扩大可以带来不断增加的收益。这种传递效应也使网络经济呈现边际收益递增的趋势。

1.1.5 外部经济性

一般的市场交易是买卖双方根据各自独立的决策缔结的一种契约，这种契约只对缔约双方有约束力而并不涉及或影响其他市场主体的利益。但在某些情况下，契约履行产生的后果却往往会影响到缔约双方以外的第三方（个体或群体）。这些与契约无关的却又受到影响的经济主体，可统称为外部，它们所受到的影响就被称为外部效应。契约履行所产生的外部效应可好可坏，分别称为外部经济性和外部非经济性。通常情况下，工业经济带来的主要是外部非经济性，如工业“三废”，而网络经济则主要表现为外部经济性。正如凯文·凯利提出的“级数比加法重要”的法则一样，网络形成的是自我增强的虚拟循环。增加了成员就增加了价值，反过来又吸引更多的成员。形成螺旋形优势。“一个电话系统的总价值属于各个电话公司及其资产的内部总价值之和，属于外部更大的电话网络本身”，网络成为“特别有效的外部价值资源”。

1.1.6 可持续性

网络经济是一种特定信息网络经济或信息网络经济学，它与信息经济或信息经济学有着密切关系，这种关系是特殊与一般、局部与整体的关系，从这种意义上讲，网络经济是知识经济的一种具体形态，知识、信息同样是支撑网络经济的主要资源。美国未来学家托夫勒指出：“知识已成为所有创造财富所必需的资源中最为宝贵的要素，……知识正在成为一切有形资源的最终替代”，正是知识与信息的特性使网络经济具有了可持续性。信息与知识具有可分享性，这一特点与实物显然不同。一般实物商品交易后，出售者就失去了实物，而信息、知识交易后，出售信息的人并没有失去信息，而是形成出售者和购买者共享信息与知识的局面。现在，特别是在录音、录像、复制、电子计算机、网络传统技术迅速发展的情况下，信息的再生能力很强，这就为信息资源的共享创造了更便利的条件。更为重要的是，在知识产品的生产过程中，作为主要资源的知识与信息具有零消耗的特点，正如托夫勒指出：“土地、劳动、原材料，或许还有资本，可以看作是有限资源，而知识实际上是不可穷尽的”，“新信息技术把产品多样化的成本推向零，并且降低了曾经是至关重要的规模经济的重要性。”网络经济在很大程度上能有效杜绝传统工业生产对有形资源、能源的过度消耗，造成环境污染、生态恶化等危害，实现了社会经济的可持续发展。

1.1.7 直接性

由于网络的发展，经济组织结构趋向薄平化，处于网络端点的生产者与消费者可直接联系，而降低了传统的中间商层次存在的必要性，从而显著降低了交易成本，提高了经济效益。为解释网络经济带来的诸多传统经济理论不能解释的经济现象，姜奇平先生提出了“直接经济”理论。他认为，如果说物物交换是最原始的直接经济，那么，当今的新经济则是建立在网络上的更高层次的直接经济，从经济发展的历史来看，它是经济形态的一次回归，即农业经济（直接经济）——工业经济（迂回经济）——网络经济（直接经济）。直接经济理论主张网络经济应将工业经济中迂回曲折的各种路径重新拉直，缩短中间环节。信息网络化在发展过程中会不断突破传统流程模式，逐步完成对经济存量的重新分割和增量分配原则的初步构建，并对信息流、物流、资本流之间的关系进行历史性重构，压缩甚至取消不必要的中间环节。

1.2 对经济发展的影响

1.2.1 对生产力的影响

生产力是生产关系的物质基础。生产力究竟是由哪些要素组成的，历来有不同的观点。例如，“两要素说”把生产力理解为人类作用于自然界的生产能力，它“由用来生产物质资料的生产工具，以及有一定的生产经验和劳动技能来使用生产工具、实现物质资料生产的人”共同组成。“三要素说”认为生产力指的是生产总量，决定该量的生产过程的要素即生产要素也就是生产力要素。因此，它除劳动工具和劳动力之外，还包括劳动对象。劳动对象的发掘与变革对生产力的增长起着越来越大的明显作用。“多要素说”视生产力为生产率或劳动生产率，而它的高低除受上述三要素的影响外，还取决于“科学的发展水平和它在工艺上应用的程度，生产过程的社会结合，……自然条件”，以及其他要素。

“多要素说”随着社会生产的发展而发展。这种发展，一方面表现在决定生产力的主导因素的变化上，如从生产工具主导论到“科技是第一生产力”的科技进步主导论的变化。另一方面表现为决定生产力的要素在不断增加中，除科技、管理外，又有教育、信息与知识等。1991 年乌家培曾提出，“信息是最重要的生产力软要素”，并对此观点做过全面的论述。网络经济的发展，对生产力要素理论产生了全面的影响，这表现在：

（1）使生产力的首要因素劳动力对其信息能力即获取、传递、处理和运用信息的能力的依赖空前增强，并促进新型劳动者即信息劳动者的出现与快速增加。

（2）使生产力中起积极作用的活跃因素劳动工具网络化、智能化以及隐含在其内的信息与知识的分量急剧增大，信息网络本身也成了公用的或专用的重要劳动工具。

（3）使不可缺少的生产要素劳动对象能得到更好的利用，并扩大其涵盖的范围，数据、信息、知识等都成了新的劳动对象。

（4）使生产力发展中起革命性作用的科学技术如虎添翼，由于科技情报交流的加强和科技合作研究的发展，科技进步日新月异，信息科技成了高科技的主要代表，它对社会和经济的渗透作用和带动作用不断强化。

（5）使对生产力发展有长期的潜在的重要作用的教育发生了根本性变革，远程教育、终身教育日趋重要，本来就是与信息相互交融的教育更加信息化、社会化和全球化了。

（6）使组合、协调生产力有关要素以提高它们综合效益的管理对生产力发展的决定性作用更加强化，导致管理科技甚至也成了高科技。管理信息化已发展到内联网、外联网、互联的网际网新阶段，并与各种业务流程信息化相融合。信息不仅是管理的基础，而且与知识一道也成了管理的对象。信息管理、知识管理日益成为管理的重要组成部分和新型的增长点。

（7）使作为生产力特殊软要素的信息与知识通过对生产力其他要素所起的重大影响和通过对这些要素的有序化组织、总体性协调，发挥其物质变精神、精神变物质两个过程相互结合的特殊作用。

1.2.2 对边际效益的影响

在农业经济和工业经济中，由于物质、能量资源的有限性或稀缺性、技术进步的相对稳定性、市场容量的饱和性，当需求依靠供给来满足时，任意投入产出系统中，随着投入的增加边际产出（即边际效益）呈递减趋势。这一规律性现象广泛存在，有普遍性。

到了信息经济尤其是其网络经济阶段，信息资源成了主要资源，该资源可再生和重复利用，对其生产者无竞争性而对其使用者无排他性，它的成本不随使用量的增加而成比例增加；同时信息技术发展快、变化大、生命周期短；而且需求往往是由供给创造的，产品受市场容量饱和的影响较小。因此在投入与产出的关系中出现了边际效益递增的规律性现象，这种现象还会因网络效应的作用而强化。

边际效益递减是与负反馈相联系的，而边际效益递增是与正反馈相联系的。负反馈反映原有的差异逐渐缩小以至消失的倾向，正反馈则反映初始的微小差异不断扩大导致全然不同结果的趋势。当然，这种变化都是有条件的。

认为在传统的工农业经济中只有边际效益递减的规律性而在信息经济或网络经济中只有边际效益递增的规律性的那种观点，是与现实相悖的。人们会发现，在物质产品生产达到一定的经济规模之前也有边际效益递增的现象，而在信息产品生产中当技术方向有问题时也会出现边际效益递减甚至为零或负的现象。网络经济所改变的仅仅是缩小了边际效益递减规律的作用范围，使它在经济活动中不再成为起主导作用的规律。

1.2.3 对规模经济的影响

在工业经济中，由于社会分工、专业化协作的发展，由于机械化、自动化以及由此而来的生产流水线的发展，当钢铁、汽车、石化等固定成本占总成本很大比例的产业在经济中起主导作用时，规模经济即产品单位成本随着产品数量增加而降低所带来的经济性，是提高经济效益、优化资源配置的主要途径。

在信息经济或网络经济中，尽管规模经济仍然是提高经济效益、优化资源配置的重要途径，但由于生产技术和管理技术的集成化、柔性化发展，数字化神经网络系统的建立与应用，由于外部市场内部化同外包业务模式的并行发展，还由于相关业务甚至不同业务的融合，当软件、多媒体、信息咨询服务、研究与开发、教育与培训、网络设备与产品等变动成本占总成本较高比例的信息产业、网络产业、知识产业在经济中起主导作用时，增加经济性效应的途径越来越多样化了。范围经济（通过产品品种或种类的增加来降低单位成本）变得更加重要了，差异经济（通过产品或服务差异性的增加来降低成本和增加利润）、成长经济（通过拓展企业内外部的成长空间来获取利润）、时效经济（通过抢先利用机遇扩大市场份额来赢得竞争优势）等各种提高经济效益的新途径出现了，这些途径不仅大企业在利用，而且更有利于大量中小企业加以利用。

网络经济背景下京津冀
产业协同发展研究
Chapter 2

2 协同与区域经济发展

协同学即“协调合作之学”，协同学较少探讨个别的基本规则，而旨在发现结构赖以形成的普遍规律。是研究协同系统从无序到有序的演化规律的新兴综合性学科。

协同系统是指由许多子系统组成的、能以自组织方式形成宏观的空间、时间或功能有序结构的开放系统。协同学一词来源于希腊文，意为共同工作。

协同学的目标是在千差万别的各科学领域中确定系统自组织赖以进行的自然规律。在创建新的结构或系统的宏观状态发生急剧变化时，协同学能够成功地发现其变化的普遍规律。

2.1 协同学学科起源

协同学是20世纪70年代初联邦德国理论物理学家哈肯创立的。60年代初，激光刚一问世哈肯就注意到激光的重要性，并立即进行系统的激光理论研究。在深入研究激光理论的过程中，哈肯发现在合作现象的背后隐藏着某种更为深刻的普遍规律。他在1970年出版的《激光理论》一书中多处提到不稳定性，为后来的协同学准备了条件。

1969年哈肯首次提出协同学这一名称，并于1971年与格雷厄姆合作撰文介绍了协同学。1972年在联邦德国埃尔姆召开第一届国际协同学会议。1973年这次国际会议论文集《协同学》出版，协同学随之诞生。1977年以来，协同学进一步研究从有序到混沌的演化规律。1979年前后联邦德国生物物理学家艾根将协同学的研究对象扩大到生物分子方面。

协同论主要研究远离平衡态的开放系统在与外界有物质或能量交换的情况下，如何通过自己内部协同作用，自发地出现时间、空间和功能上的有序结构。协同论以现代科学的最新成果——系统论、信息论、控制论、突变论等为基础，吸取了结构耗散理论的大量营养，采用统计学和动力学相结合的方法，通过对不同领域的分析，提出了多维相空间理论，建立了一整套的数学模型和处理方案，在微观到宏观的过渡上，描述了各种系统和现象中从无序到有序转变的共同规律。

协同论是研究不同事物共同特征及其协同机理的新兴学科，是近十几年来获得发展并被广泛应用的综合性学科。它着重探讨各种系统从无序变为有序时的相似性。协同论的创始人哈肯说过，他把这个学科称为“协同学”，一方面是由于我们所研究的对象是许多子系统的联合作用，以产生宏观尺度上结构和功能；另一方面，它又是由许多不同的学科进行合作，来发现自组织系统的一般原理。

客观世界存在着各种各样的系统；社会的或自然界的，有生命或无生命的，宏观的或微观的系统等，这些看起来完全不同的系统，却都具有深刻的相似性。协同论则是在研究事物从旧结构转变为新结构的机理的共同规律上形成和发展的，它的主要特点是通过类比对从无序到有序的现象建立了一整套数学模型和处理方案，并推广到广泛的领域。它基于“很多子系统的合作受相同原理支配而与子系统特性无关”的原理，设想在跨学科领域内，考察其类似性以探求其规律。哈肯在阐述协同论时讲道：“我们现在好像在大山脚下从不同的两边挖一条隧道，这个大山至今把不同的学科分隔开，尤其是把‘软’科学和‘硬’科学分隔开。”

协同学研究协同系统在外参量的驱动下和在子系统之间的相互作用下，以自组织的方式在宏观尺度上形成空间、时间或功能有序结构的条件、特点及其演化规律。协同系统的状态由一组状态参量来描述。这些状态参量随时间变化的快慢程度是不相同的。当系统逐渐接近于发生显著质变的临界点时，变化慢的状态参量的数目就会越来越少，有时甚至只有一个或少数几个。

这些为数不多的慢变化参量就完全确定了系统的宏观行为并表征系统的有序化程度，故称序参量。那些为数众多的变化快的状态参量就由序参量支配，并可绝热地将他们消去。这一结论称为支配原理，它是协同学的基本原理。

序参数（序参量）由各个部分的协作而产生，反过来序参数又支配各部分的行为。支配原理在协同学中起着核心作用，它表达一个因果关系。

序参量随时间变化所遵从的非线性方程称为序参量的演化方程，是协同学的基本方程。演化方程的主要形式有主方程、有效朗之万方程、福克 - 普朗克方程和广义京茨堡 - 朗道方程等。

协同学有广泛的应用。在自然科学方面主要用于物理学、化学、生物学和生态学等方面。例如，在生态学方面求出了捕食者与被捕食者群体消长关系等；在社会科学方面主要用于社会学、经济学、心理学和行为科学等方面。例如，在社会学中得到社会舆论形成的随机模型；在工程技术方面主要用于电气工程、机械工程和土木工程等方面。

因此可以把协同学看成是一门在普遍规律支配下的有序的，自组织的集体行为的科学。协同学就是从许许多多孤立的事实中构建出一幅崭新的图景。

协同学强调不局限于细节，必须学会观察和把握事物总的场景，以减少复杂性，总的场景是由序参数提供的，每当系统的宏观行为改变时，序参数变得十分重要。一般情况下，这些序参数是长期量，它们支配着短期量。

协同学与耗散结构理论及一般系统论之间有许多相通之处，以致它们彼此将对方当作自己的一部分。实际上，它们既有联系又有区别。一般系统论提出了有序性、目的性和系统稳定性的关系，但没有回答形成这种稳定性的具体机制。耗散结构理论则从另一个侧面解决了这个问题，指出非平衡态可成为有序之源。

协同学虽然也来源于非平衡态系统有序结构的研究，但它摆脱了经典热力学的限制，进一步明确了系统稳定性和目的性的具体机制。协同学的概念和方法为建立系统学奠定了初步的基础。

2.2 协同学的主要内容

协同论认为，千差万别的系统，尽管其属性不同，但在整个环境中，各个系统间存在着相互影响而又相互合作的关系。其中也包括通常的社会现象，如不同单位间的相互配合与协作，部门间关系的协调，企业间相互竞争的作用，以及系统中的相互干扰和制约等。协同论指出，大量子系统组成的系统，在一定条件下，由于子系统相互作用和协作，这种系统会研究内容，可以概括地认为是研究从自然界到人类社会各种系统的发展演变，探讨其转变所遵守的共同规律。应用协同论方法，可以把已经取得的研究成果，类比拓宽于其他学科，为探索未知领域提供有效的手段，还可以用于找出影响系统变化的控制因素，进而发挥系统内子系统间的协同作用。

哈肯在协同论中，描述了临界点附近的行为，阐述了慢变量支配原则和序参量概念，认为事物的演化受序参量的控制，演化的最终结构和有序程度决定于序参量。不同的系统序参量的物理意义也不同。比如，在激光系统中，光场强度就是序参量。在化学反应中，取浓度或粒子数为参序量。在社会学和管理学中，为了描述宏观量，采用“测验”、调研或投票表决等方式来反映对某项“意见”的反对或赞同。此时，反对或赞成的人数就可作为序参量。序参量的大小可以用来标志宏观有序的程度，当系统是无序时，序参量为零。当外界条件变化时，序参量也变化，当到达临界点时，序参量增长到最大，此时出现了一种宏观有序的有组织的结构。

协同论指出，一方面，对于一种模型，随着参数、边界条件的不同以及涨落的作用，所得到的图样可能很不相同；但另一方面，对于一些很不相同的系统，却可以产生相同的图样。由此可以得出一个结论：形态发生过程的不同模型可以导致相同的图样。在每一种情况下，都可能存在生成同样图样的一大类模型。

协同论揭示了物态变化的普遍程式：“旧结构—不稳定性—新结构”，即随机“力”和决定论性“力”之间的相互作用把系统从它们的旧状态驱动到新组态，并且确定应实现的那个新组态。由于协同论把它的研究领域扩展到许多学科，并且试图对似乎完全不同的学科之间增进“相互了解”和“相互促进”，无疑，协同论就成为软科学研究的重要工具和方法。

此外，哈肯提出了“功能结构”的概念。认为功能和结构是互相依存的，当能流或物质流被切断的时候，所考虑的物理和化学系统要失去自己的结构；但是大多数生物系统的结构却能保持一个相当长的时间，这样生物系统颇像是把无耗散结构和耗散结构组合起来了。他还进一步提出，生物系统是有一定的“目的”的，所以把它看作“功能结构”更为合适。

协同学的主要内容还包括一些相关的概念与原理，具体内容如下：

（1）序参量。

序参量是协同学中最重要的概念，哈肯用序参量来解释系统有序演化的过程和机制。如果某个参量在系统演化过程中从无到有地变化，并且指示新结构的形成，反映新结构的有序程度，它就是序参量。序参量不是系统中某个占据支配地位的子系统，而是大量子系统集体运动的宏观整体模式的有序程度的参量。它一方面是系统内部大量子系统相互竞争和协同的产物；另一方面又起着支配或役使各子系统的作用，主宰着系统整体演化发展的过程。序参量和子系统的关系可以如图 1－1 所示。

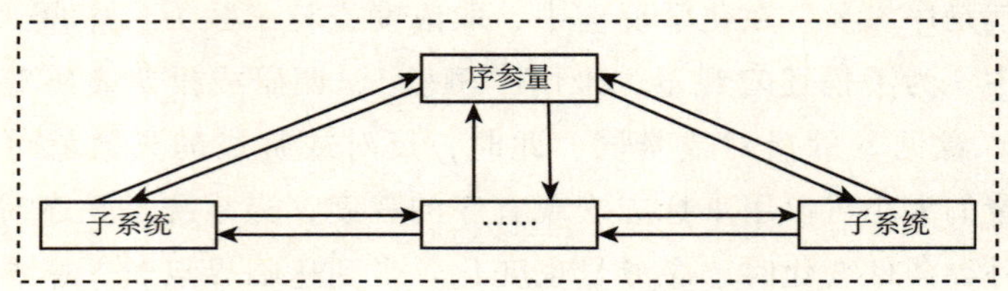

图 1－1　序参数与子系统关系

图 1－1 表明，序参量和系统各子系统之间的关系是相辅相成的。一方面，序参量是各子系统相互作用而产生的；另一方面，序参量在临界状态下起着支配子系统行为的作用。

序参量的基本特征是：序参量是宏观参量，是微观子系统集体运动的产物、合作效应的表征和量度；序参量是通过各个部分的协同作用产生的，而它一旦形成，便成为系统的控制中心，支配各子系统的行为，决定整个系统的有序结构和功能行为，主宰系统的整体演化过程。

① 序参量的宏观性。协同学是从宏观上进行的是复杂系统研究，这种研究的主要特征是大量化、整体化，运用的研究工具也必然具有宏观性，序参量正是这种在复杂系统的大量子系统的大规模运动中，从纷繁复杂的无序运动中甄别出有序决定因素的宏观参量。

② 序参量的形成机制。对于系统而言，序参量是内部自生的，而不是外部强加的。当系统处于平衡态时，各子系统的运动是无序、独立，不相关联，这时系统中都是稍纵即逝的快变量，不存在序参量。而当系统处于由平衡到不平衡，由无序到有序的临界状态时，各子系统由竞争而引发协同，就会导致序参量的出现。

③ 序参量的作用。序参量在形成以后，就会对系统的演化产生支配作用，决定系统演化的性质和方向，成为演化过程中的主导力量。对研究者而言，掌握了序参量，也就控制了系统的发展进程，因此，寻找序参量成为协同学乃至整个自组织理论的关键命题之一。

（2）快变量与慢变量。

协同学把表征子系统状态及它们耦合的所有量的临界行为分为两类，即快变量和慢变量。快变量是指在临界处阻尼大、衰减快的快弛豫参量，他们虽然在临界过程中此起彼伏、活跃异常，但它们对系统演化的整个进程没有明显的影响，处于次要地位；慢变量是指在临界处由于平衡状态的破坏，某种偶然的因素就会导致临界涨落，其中一个或几个变量会产生临界慢化，出现临界无阻尼现象，它们不仅不衰减，而且决定了系统相变的形式与特点，决定或支配了其他变量的变化，进而推动系统走向新的有序，这种变量被称为慢变量。慢变量与快变量是相互联系、相互作用的，它们各自都不能独立存在。

（3）协同效应。

“协同”亦称协同作用。协同效应是指由于协同作用而产生的结果，是指复杂开放系统中大量子系统相互作用而产生的整体效应或集体效应。对千差万别的自然系统或社会系统而言，均存在着协同作用。协同作用是系统有序结构形成的内驱力。任何复杂系统，当在外来能量的作用下或物质的聚集态达到某种临界值时，子系统之间就会产生协同作用。这种协同作用能使系统在临界点发生质变产生协同效应，使系统从无序变为有序，从混沌中产生某种稳定结构。协同效应说明了系统自组织现象的观点。

（4）伺服原理。

伺服原理用一句话来概括，即快变量服从慢变量，序参量支配子系统行为。它从系统内部稳定因素和不稳定因素间的相互作用方面描述了系统的自组织的过程。其实质在于规定了临界点上系统的简化原则——“快速衰减组态被迫跟随于缓慢增长的组态”，即系统在接近不稳定点或临界点时，系统的动力学和突现结构通常由少数几个集体变量即序参量决定，而系统其他变量的行为则由这些序参量支配或规定，正如协同学的创始人哈肯所说，序参量以“雪崩”之势席卷整个系统，掌握全局，主宰系统演化的整个过程。

（5）自组织原理。

自组织是相对于他组织而言的。他组织是指组织指令和组织能力来自系统外部，而自组织则指系统在没有外部指令的条件下，其内部子系统之间能够按照某种规则自动形成一定的结构或功能，具有内在性和自生性特点。自组织原理解释了在一定的外部能量流、信息流和物质流输入的条件下，系统会通过大量子系统之间的协同作用而形成新的时间、空间或功能有序结构。

运作方式是在系统从稳定态向非稳定态过渡的过程中，慢变量起了决定的作用，而当系统达到不稳定状态时，只有在快变量的作用下才能使系统达到一个新的稳定状态。如果原来的稳定状态是一个无序状态，那么这个新的稳定状态就意味着有序的产生和形成；如果原来的稳定状态已经是一个有序状态，那么新的稳定状态就意味着更新的有序状态的出现，意味着系统的进化。伴随着这种有序结构的产生、发展，两类变量相互联系、相互制约，表现出一种协同运动，这种协同运动在宏观上则表现为系统的自组织现象。

在自组织理论研究与应用中，学者们一般把序参量当作用来描述与物质性质有关的有序化程度，以及伴随的对称性质的一种变量。在系统从平衡到不平衡、从无序到有序的发展过程中，存在着诸多变量，相对于其他稍纵即逝、影响有限的“快变量”，其存在发展具有持续性，在系统演化中起到决定作用的那个“慢变量”，便是序参量。

2.3 协同学在经济管理等领域的应用

协同论具有广阔的应用范围，它在物理学、化学、生物学、天文学、经济学、社会学以及管理科学等许多方面都取得了重要的应用成果。比如我们常常无法描述一个个体的命运，但却能够通过协同论去探求群体的“客观”性质。又如，针对合作效应和组织现象能够解决一些系统的复杂性问题，可以应用协同论去建立一个协调的组织系统以实现工作的目标。

协同论应用于生物群体关系，可将物种间的关系分成三种情况：竞争关系；捕食关系；共生关系。每种关系都必须使各种生物因子保持协调消长和动态平衡，才能适应环境而生存，协同论应用于生物形态学，提出形态形成的基本途径是，通过某些化学物质的扩散与反应形成一种“形态源场”，由形态源场支配基因引起细胞分化而形成生物机体。由于协同论强调不同系统之间的类似，因此它试图以远离热动平衡的物理系统或化学系统来类比和处理生物系统和社会系统，所以协同论除设计了许多物理、化学的模型外，还设计了许多生灭过程、生态群体网络和社会现象模型。如“社会舆论模型”、“生态群体模型”、“经络模型”、“人口动力模型”、“捕食者—被捕食者系统模型”、“形态形成模型” 等。协同论还探讨了人的大脑中化学图样的形成和求知过程与脑细胞之间的联系模型等。

协同论的领域与许多学科有关，它的一些理论是建立在多学科联系的基础上的（如动力系统理论和统计物理学之间的联系），因此协同论的发展与许多学科的发展紧密相关，并且正在形成自己的跨学科框架。协同论还是一门很年轻的学科，尽管它已经取得许多重大应用研究成果，但是有时所应用的还只是一些定性的现象，处理方法也较粗糙。但毫无疑问，协同论的出现是现代系统思想的发展，它为我们处理复杂问题提供了新的思路。

赫尔曼哈肯所著的《协同学》一书中提到：舆论形成的随机模型即是协同学在社会学领域中的应用。同时，近些年来，各国在经济管理系统协同发展方面的相关研究非常多，主要集中在以下几个方面：区域经济协同发展、协同与企业运营、企业集团协同、项目群协同管理、物流协同等。教育领域中也有协同学的应用，在产学研、协同创新机制等方面均有所研究和应用。

1）协同学在经济发展领域的应用

区域经济系统协同发展的基本原理是区域经济发展理论体系的核心。协同现象是自然、社会和思维发展中常见的一种客观现象，对这种现象进行深入认识并系统概括，形成了协同学理论。协同学理论是研究开放系统内部各要素之间通过非线性的相互作用产生的协同效应，使系统从混沌状态向有序状态、从低级有序向高级有序，以及从有序又转化为混沌的具体机理和共同规律的一种综合性理论。从 20 世纪 70 年代以来，伴随着协同学和系统论等的发展和广泛应用，人们开始自觉地用系统科学的思想方法去解决自然、社会和思维中的复杂问题。近 10 年来，人们开始把协同学思想应用于区域经济发展问题的研究。区域经济的发展是一定区域内经济发展的内部因素与外部条件相互作用而形成的开放的复杂系统的演化过程。

在自组织理论中，协同学处于一种动力学方法论的地位。是组织如何保持自组织活力的重要方法论，它所研究的重要概念和原理，特别是序参量原理，对于系统自组织的演化以及使得自组织程度的提高，都具有重要的指导意义。就经济系统而言，利用序参量原理，寻找促进区域经济一体化的决定性因素，具有很强的理论和现实意义。

区域经济系统的演化发展，是以内部各要素、子系统的竞争和协同作为原动力的。区域系统内部的产业、行业、企业之间的竞争与协同来自市场力量，这种力量主要体现在通过产品或要素价格的变化，引导资源在区域间进行转移，导致区域间的竞争和发展不平衡。随着区域间竞争的发展，根据优胜劣汰的市场法则，优势企业逐渐战胜、淘汰劣势企业，通过收购兼并的形式，在产业内进行重组整合，进一步加强自身竞争力。从区域产业发展的角度来看，即表现为由竞争走向协同。

通过上述竞争—协同的发展路径，区域系统的各个子系统、经济主体形成紧密的发展关联，互惠互利、优势互补，通过自身的协同进一步促进区域经济系统的发展。

综上所述，竞争与协同是一个问题的两个方面，一个复杂系统的辩证统一，系统中的不平衡和非线性导致竞争，竞争的结果是趋向协同，反过来，一定程度的协同又会引发新一轮的更进一步的竞争。

在区域经济协同系统中，序参数的选择也是很重要的。

北京工业大学宗刚教授认为，主导产业可能是决定系统演化的序参数，其主要观点引用如下：①

在区域经济系统这个复杂系统中，主导产业很可能是决定系统演化的序参量。主导产业带动着整个系统的经济发展，决定着系统的产业结构。区域产业结构的演进，正是通过对主导产业的改变实现的，因此我们认为，主导产业符合区域经济系统序参量的理论条件。

（1）主导产业是区域产业结构的核心。

现代经济发展本质上是一个结构问题。在区域经济系统中，各个产业不可能是齐头并进、不分高下的。在发展速度上有快慢之分，例如珠三角地区的电子制造业发展迅速，而钢铁、石化等重工业发展相对迟缓；在经济作用上有强弱之分，例如珠三角已成为中国的制造业中心之一，传统农业在区域经济中的比重和贡献值日趋下降。

在对区域经济发展研究中，我们会发现这样一个规律：区域经济的发展取决于与其主导产业的增长。我们进行经济结构分析，就是要认识到保持区域经济快速发展，其主导产业的领航作用非常重要。在其他条件相同的情况

① 刘李鹏，宗刚．台海两岸产业协同演化序参量分析及建议［J］．现代管理科学，2012（11）．

下，没有主导产业的区域，其经济快速健康发展的可能性几乎为零。中国改革开放前后的经济实践，充分说明了这一规律。

综上所述，区域的主导产业决定了区域能否形成合理的产业结构，是区域经济发展这架高速列车的发动机。

（2）主导产业具有序参量的基本特征。

主导产业描述的是区域经济中的产业成分，不是某一个具体厂商的行为，对主导产业的研究，是对区域经济整体的考量，因此，主导产业是一个宏观变量，符合序参量的基本特征。

同时，主导产业是在区域经济系统演化过程中，依据优胜劣汰的自然法则逐步发展起来的，它经历了由弱到强的发展壮大过程，经历了由次要地位到主要地位的进化，这个过程正是符合序参量的基本定义。区域主导产业的产生不是人为的或外界因素强加于系统的结果，而是源于区域经济系统内自组织的条件和机制。这符合序参量产生的一般规律。综上所述，对照序参量原理的迹象要素，我们可以发现主导产业具有序参量的基本特征。

（3）主导产业正是区域经济发展的序参量。

根据区域产业理论，产业的演变将会对区域经济产生综合性的影响，包括区域发展、社会需求、投入产出比、生产效率、人员就业以及社会文化等多个方面。如果演变产生的新产业不是区域的主导产业，这种影响将是局部的、轻量级的，不会对区域经济构成重大的、决定性的改变。而如果发生演变的是区域的主导产业，那么整个区域经济结构将产生根本性的变革，成功的主导产业转型，将带动区域经济进行跨越式的发展，使整个区域的社会、经济、文化都产生深远的变革，例如从20世纪90年代开始，江苏昆山逐步将主导产业由传统农业、轻工业向IT制造业转变，使这个小小的县级市成为全球IT产品生产的重镇，主导产业的转变给昆山的经济、社会发展带来了天翻地覆的变化。综上所述，从自组织理论的角度分析，主导产业正是区域经济发展的序参量，决定和支配着其他变量和系统整体的发展变化。

2）协同学在管理领域的应用

协同论对揭示无生命界和生命界的演化发展具有普适性意义。另外，从协同论的应用范围来看，它正广泛应用于各种不同系统的自组织现象的分析、建模、预测及决策等过程中。如物理学领域中流体动力学模型的形成，大气湍流等问题；化学领域中的各种化学波和螺线的形成，化学振荡及其他化学宏观模式；经济学领域中如城市发展、经济繁荣与衰退，技术革新和经济事态发展等方面的各种协同效应问题；社会学领域中的舆论形成模型，大众传媒的作用，社会体制以及社会革命等问题。因此，协同论作为一门研究完全不同学科中共同存在的本质特征为目的的系统理论，其广泛的适用性或普适性是显而易见的。

正是它的这种普适性，把协同论引入管理研究，必将对管理理论的发展以及对解决现实管理领域中的问题具有启迪意义，提供了新的思维模式和理论视角。

（1）管理系统是一个复杂性开放系统。

协同论的自组织原理告诉我们，任何系统如果缺乏与外界环境进行物质、能量和信息的交流，其本身就会处于孤立或封闭状态。在这种封闭状态下，无论系统初始状态如何，最终其内部的任何有序结构都将被破坏，呈现出一片“死寂”的景象。因此，系统只有与外界通过不断的物质、信息和能量交流，才能维持其生命，使系统向有序化方向发展。管理系统是一个复杂性的开放系统，说它具有复杂性是因为管理系统一般由人、组织和环境三大要素组成，而每个要素又嵌套多个次级要素，其内部呈现非线性特征。

而它又是开放系统，是因为它通过不断地接受各种信息，并经过加工整理后，将管理对象所需的信息输出。管理系统就是在不断地接收信息和输出信息的过程中向有序化方向完善和发展。

（2）协同是现代管理发展的必然要求。

协同论告诉我们，系统能否发挥协同效应是由系统内部各子系统或组分的协同作用决定的，协同得好，系统的整体性功能就好。如果一个管理系统内部，人、组织、环境等各子系统内部以及他们之间相互协调配合，共同围绕目标齐心协力地运作，那么就能产生“1+1>2”的协同效应。反之，如果一个管理系统内部相互掣肘、离散、冲突或摩擦，就会造成整个管理系统内耗增加，系统内各子系统难以发挥其应有的功能，致使整个系统陷于一种混乱无序的状态。

现代管理面临着一个复杂多变、不可预测、竞争激烈的环境，如全球经济一体化的趋势日趋明显，企业间的竞争变得激烈纷呈；高新技术的出现和更迭越来越快，产品的生命周期越来越短；消费者导向的时代已经到来，消费趋向多样化、个性化。对企业的生产方式带来了新的挑战；市场环境变化和人们生活质量的提高，对企业的生产与服务提出了更高的要求，等等。在这样的背景下，企业系统要生存和发展。除了协同好内部各子系统之间的关系之外。还需协同一切可以协同的力量来弥补自身的不足，提高自身的竞争优势。

（3）序参量是现代管理发展的主导因素。

序参量是协同论的核心概念，在现代管理中，尽管影响管理系统的因素很多，但只要能够区分本质因素与非本质因素、必然因素与偶然因素，关键因素与次要因素，找出从中起决定作用的序参量，就能把握整个管理系统的发展方向。因为序参量不仅主宰着系统演化的整个进程，而且决定着系统演化的结果。

序参量概念对现代管理提供了新的理论视角，解释了系统如何在临界点上发生相变以及序参量如何主导系统产生新的时间、空间或功能结构。序参量的特征决定了它是管理系统发展演化的主导因素，只要在管理过程中审时度势，创造条件，通过控制管理系统外部参量和加强内部协同，强化和凸显我们所期望的序参量，就能使管理系统有序、稳定地运行。

（4）自组织是管理系统自我完善的根本途径。

协同论的自组织原理旨在解释系统从无序向有序演化的过程，实质上就是系统内部进行自组织的过程，协同是自组织的形式和手段。由此可以认为，现代管理系统要想从无序的不稳定状态向有序的稳定状态发展，实现自我完善和发展，自组织是达到这一目的的根本途径。

管理系统要实现自组织过程，就必须具备自组织实现的条件。首先，管理系统必须具有开放性。能与外界进行物质、能量和信息的交流，确保系统具有生存和发展的活力；其次，管理系统必须具有非线性相干性，内部各子系统必须协调合作，减少内耗，充分发挥各自的功能效应。

2.4 区域经济协同发展的含义

区域经济协同发展是经济发展的内在要求和客观规律。人口、资源、科技、环境等是构成区域经济系统的重要经济要素，这些经济要素既存在着各自的独立运动，又存在着相互影响相互制约的关联运动；经济要素各自的独立运动与要素之间的关联运动既存在矛盾又相互统一。这种矛盾统一就体现在协同发展上。

因此，区域经济协同发展，是在一定条件下，通过协调经济要素的独立运动、同步要素间的关联运动，使关联运动能够支配各要素的独立发展，促成各要素互相配合、协作的发展状态；最终能主导区域经济的发展方向，使区域经济结构向新结构状态转变。区域经济协同发展能帮助实现经济结构转型，使产业向高级化、集约化方向转变，区域经济社会全面协调可持续发展。

2.4.1 区域经济各要素间协同

区域经济是由诸多经济要素相互作用所构成的统一体系，单要素的发展会影响整体经济的发展，但这种影响很难对区域经济产生趋势性的作用，因为还有更多经济要素也在产生各种发展变化，这些要素的综合变化所产生的影响对区域经济发展才具有更重要的作用。因此只有经济要素间的协同发展，才能形成综合效应，决定整个区域经济的发展趋向。

各经济要素间相互作用所形成的协同，主要突出体现于第一、二、三次产业的协调发展上。区域经济协同发展是区域内外部经济要素之间的各种联系竞争与合作的辩证统一，这主要能够反映区域经济结构优化升级方面。

2.4.2 区域经济系统的多方面多层次协同发展

区域经济的协同发展是人口、资源、科技、环境等经济要素之间的协同，是三次产业发展上的协同与优化。区域经济协同发展理论是通过把握区域经济发展要素的特征，抓住区域经济系统各要素间的联系，把握区域经济各种相互作用关系的变化，揭示区域经济系统相变的趋势和规律的科学。协同是多层次的，有自然协同、有经济协同，还有社会协同等。

区域经济协同发展，包括区域内经济要素与要素间的协同，也包括产业与产业间的协同，还包括要素与产业间的协同，还包括经济与社会、资源环境之间的协同。区域经济协同既能优化区域经济济结构，又能优化社会整体协调度，使社会公平、环境友好、经济发展，同时还能促进区域间的合作交流。

首先，区域经济的协同发展，促进了区域经济资源的充分利用和发展，优化了区域产业结构和经济结构，为区域之间合作创造了有利条件，容易使双方达成合作协议。

其次，区域经济的协同发展，增强了区域综合实力和经济竞争力，在区域之间合作中处于有利地位，容易在合作中达到互惠共赢。

最后，区域经济的协同发展，容易更好地吸收利用外来经济资源，更容易将外来经济资源转化为区域发展的促动力。所以，区域经济的协同发展提供了地区间合作的重要基础。对于同一个国家的不同区域间的合作来看，区域经济系统协同发展，对国内不同区域之间合作的意义更大。

除上述三方面以外，区域经济的协同发展，还会促进经济要素在不同区域间的流动，促进技术有效扩散在不同区域间的形成，促进产业转移在不同区域间的发生，促进整个国家经济结构的优化，更容易实现国内不同地区全面协调可持续的发展。

2.5 区域经济协同发展的作用

2.5.1 实现区域经济可持续发展

从区域经济系统协同发展的结果看，协同发展能够使区域人口、资源、科技、环境等实现可持续发展。区域经济协同发展，从经济、政治、文化、社会、生态等各方面出发，既考虑当前发展的需要，又考虑未来发展的需要，为子孙后代着想。统筹城乡发展、经济社会发展、人与自然和谐发展、区域内发展和对外开放。区域经济协同发展，形成了发展目标指向的共识，容易形成区域发展凝聚力。

从区域经济发展的过程看，协同发展通过协调各种利益关系，激活各要素发展的能力，形成区域内外部经济共同发展的理念，达到区域经济、社会全面协调可持续发展的目标。

区域经济的协同发展是经济发展的客观规律，科学认识经济要素间的联系，准确把握所对应的微观组态和经济结构，主动协调各种经济联系，才能推动区域经济持续发展。

2.5.2 促进经济结构优化升级

区域经济协同发展，有利于区域间合作，推动经济要素流动，促进经济要素向生产力更高、更符合发展方向的领域流动，进而淘汰落后产能，使更符合区域发展整体规划的产业得以迅速发展，使产业结构、经济结构向高级化、集约化方向转变，实现经济结构优化升级。

区域经济协同发展是多层次多方面的。既包括区域内经济要素与经济要素之间的协同，也包括产业与产业之间的协同，还包括要素与产业之间的协同等。这些协同能够更好地推动经济要素在产业间流动。

2.5.3 提高区域科技创新能力

区域经济协同发展，有利于形成科技创新的协同效应，提高区域科技创新能力。科学技术是第一生产力，科学技术创新支撑经济发展，这已经被越来越多的国家和地区的发展所证实。早在20世纪80年代初期，我国就形成了“经济建设必须依靠科学技术，科学技术工作必须面向经济建设”的科学技术发展的基本战略思想。随后，我国科学技术的发展在“直接为经济建设服务”、“发展高科技，实现产业化”和“重视基础研究”这三个层次上同时展开。2005年，国家在《国家中长期科学和技术发展规划纲要（2006～2020年）》中提出“自主创新、重点跨越、支撑发展、引领未来”指导方针。

区域经济的协同发展，首先可以提供科技创新需要的协同合作因素和条件。把高素质的创新人才、良好的政策制度环境、有利的金融条件、强烈的市场需求等影响科技创新支撑经济发展的种种因素聚集整合起来，把各种有利于科技创新活动的因素协同起来，把各种有利于企业成为技术创新主体的力量协同起来，形成协同效应。其次，区域经济的协同发展，也为科学技术创造出了丰富的研究与开发的对象，提供高水平创新所需要的物质手段，提高了科技创新能力。

网络经济背景下京津冀
产业协同发展研究

Chapter 3

3 京津冀产业结构现状及发展趋势

3.1 北京市产业结构现状及分析[①]

北京是全国的政治、经济、文化中心，其经济飞速发展，2013 年北京的 GDP 已经达到了 19500.6 亿元，自 1978 年以来，北京的 GDP 增长速度呈现出明显的上升的状态；同时，随着经济的不断发展，北京的三次产业结构也在不断优化升级。

从 2008 年以来，北京的 GDP 总值增速从 10% 左右降低到 8% 左右，经济增速有所放缓。

3.1.1 北京三次产业结构

表 3－1、表 3－2、表 3－3 所列数据，展示了自 2008 年以来，北京市的行业产值、增速以及比重情况。

表 3－1　北京市按行业分地区生产总值（2008～2013 年） 单位：亿元

项　目	2008 年	2009 年	2010 年	2011 年	2012 年	2013 年
地区生产总值	11115.0	12153.0	14113.6	16251.9	17879.4	19500.6
第一产业	112.8	118.3	124.4	136.3	150.2	161.8
第二产业	2626.4	2855.5	3388.4	3752.5	4059.3	4352.3
工业	2131.7	2303.1	2764.0	3048.8	3294.3	3536.9
建筑业	494.7	552.4	624.4	703.7	765.0	815.4
第三产业	8375.8	9179.2	10600.8	12363.1	13669.9	14986.5
交通运输、仓储和邮政业	498.9	556.6	712.0	809.0	816.3	883.6
信息传输、计算机服务和软件业	999.1	1066.5	1214.1	1493.4	1621.8	1749.6
批发与零售业	1426.7	1525.0	1888.5	2139.7	2229.8	2372.4
住宿和餐饮业	274.4	262.5	317.3	348.4	373.1	374.8
金融业	1519.2	1603.6	1863.6	2215.4	2536.9	2822.1

① 本节所采用的经济分析发挥来源于《北京市统计年鉴（2014）》及国家统计局网站。

续表

项　目	2008 年	2009 年	2010 年	2011 年	2012 年	2013 年
房地产业	844.6	1062.5	1006.5	1074.9	1244.2	1339.5
租赁和商务服务业	765.3	809.6	953.2	1162.1	1340.6	1536.6
科学研究、技术服务与地质勘查业	706.7	816.9	941.1	1135.5	1268.4	1444.3
水利、环境和公共设施管理业	59.1	67.2	75.3	86.3	101.3	113
居民服务和其他服务业	74.9	73.9	99.3	112.1	124.3	133.3
教育	402.1	444.1	516.2	605.9	681.8	758.2
卫生、社会保障和社会福利业	187.8	213.0	254.5	311.5	363.6	416.1
文化、体育与娱乐业	247.4	259.0	294.6	339.4	402.6	445.3
公共管理与社会组织	369.6	418.8	464.6	529.5	565.2	597.7

表 3－2　按行业分地区生产总值指数（上年＝100）（2008～2013 年）

项　目	2008 年	2009 年	2010 年	2011 年	2012 年	2013 年
地区生产总值	109.1	110.2	110.3	108.1	107.7	107.7
第一产业	101.1	104.6	98.4	100.9	103.2	103.0
第二产业	100.8	110.4	113.7	106.7	107.5	108.1
工业	100.2	108.8	114.9	107.5	107.0	107.8
建筑业	103.7	118.5	108.3	102.9	109.7	109.6
第三产业	112.5	110.2	109.3	108.7	107.9	107.6
交通运输、仓储和邮政业	104.1	103.0	111.7	106.2	106.9	107.0
信息传输、计算机服务和软件业	114.9	106.8	110.6	122.9	106.8	107.2
批发与零售业	124.9	109.3	120.9	108.9	104.0	106.6
住宿和餐饮业	98.0	96.7	115.2	102.3	99.7	96.8
金融业	107.8	106.4	108.6	107.6	112.7	111.0
房地产业	94.8	122.0	85.8	93.2	113.7	103.4
租赁和商务服务业	123.3	111.6	110.0	118.3	109.5	109.5
科学研究、技术服务与地质勘查业	125.6	121.9	107.9	110.4	107.1	111.2
水利、环境和公共设施管理业	114.5	119.9	104.7	105.5	106.7	105.2
居民服务和其他服务业	91.7	104.1	125.5	112.3	104.2	103.0
教育	110.5	109.0	108.5	103.6	105.2	106.9
卫生、社会保障和社会福利业	113.9	113.6	111.6	107.9	108.4	111.5
文化、体育与娱乐业	113.6	107.3	106.2	106.1	109.5	106.1
公共管理与社会组织	108.3	110.9	105.3	102.1	103.4	102.4

表3－3　按行业分地区生产总值构成（2008～2013年）　单位:%

项　目	2008年	2009年	2010年	2011年	2012年	2013年
第一产业	1.01	0.97	0.88	0.84	0.84	0.83
第二产业	23.63	23.50	24.01	23.09	22.70	22.32
工业	19.18	18.95	19.58	18.76	18.43	18.14
建筑业	4.45	4.55	4.42	4.33	4.28	4.18
第三产业	75.36	75.53	75.11	76.07	76.46	76.85
交通运输、仓储和邮政业	4.49	4.58	5.04	4.98	4.57	4.53
信息传输、计算机服务和软件业	8.99	8.78	8.60	9.19	9.07	8.97
批发与零售业	12.84	12.55	13.38	13.17	12.47	12.17
住宿和餐饮业	2.47	2.16	2.25	2.14	2.09	1.92
金融业	13.67	13.20	13.20	13.63	14.19	14.47
房地产业	7.60	8.74	7.13	6.61	6.96	6.87
租赁和商务服务业	6.89	6.66	6.75	7.15	7.50	7.88
科学研究、技术服务与地质勘查业	6.36	6.72	6.67	6.99	7.09	7.41
水利、环境和公共设施管理业	0.53	0.55	0.53	0.53	0.57	0.58
居民服务和其他服务业	0.67	0.61	0.70	0.69	0.70	0.68
教育	3.62	3.65	3.66	3.73	3.81	3.89
卫生、社会保障和社会福利业	1.69	1.75	1.80	1.92	2.03	2.13
文化、体育与娱乐业	2.23	2.13	2.09	2.09	2.25	2.28
公共管理与社会组织	3.33	3.45	3.29	3.26	3.16	3.07

由表中数据可知，北京市第一产业占GDP比重从2008年的1.01%降至2013年的0.83%，所占比重极低且呈现逐年下降的趋势；第二产业增速较快，年均增速在7%以上，其总额占GDP比重从2008年的24%左右降低至2013年的22%，对北京经济的贡献较高，但同样呈现逐年下降的趋势；第三产业发展较快，年均增速超过7%，总额巨大，占总GDP的比重从2008年的75.36%增至2013年的76.85%。因此，第三产业已成为北京市经济增长的主要推动力。如图3－1所示，北京市的已经形成了三、二、一的三次产业结构（参见图3－2～图3－4）。

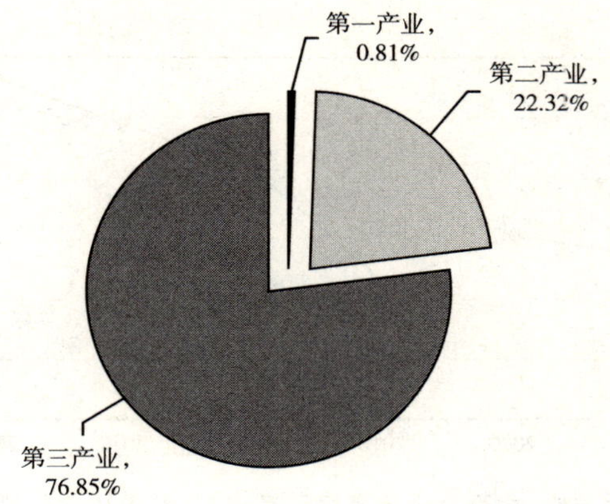

图 3－1　北京市 2013 年三次产业结构

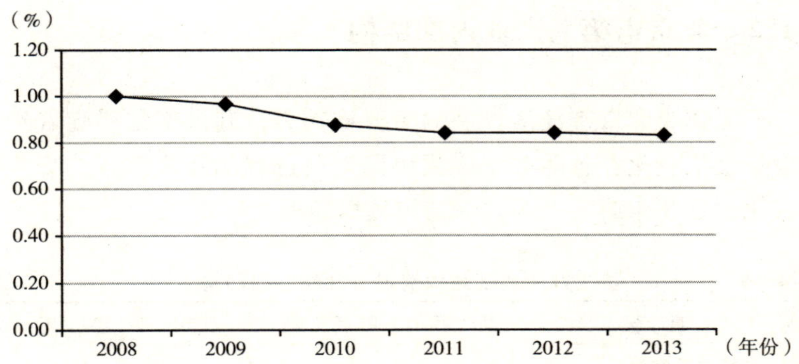

图 3－2　北京市近年来第一产业 GDP 占比变化情况

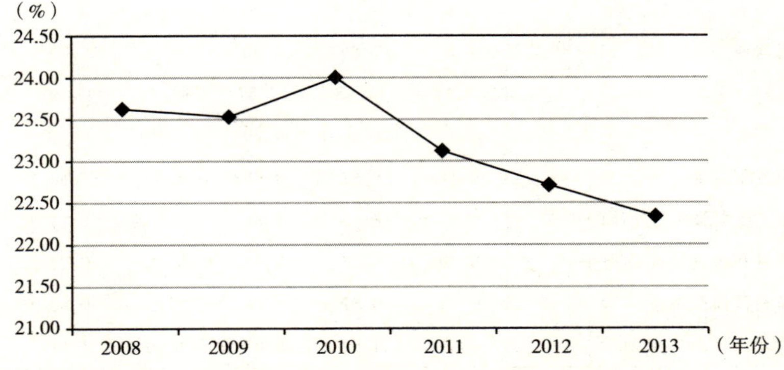

图 3－3　北京市近年来第二产业 GDP 占比变化情况

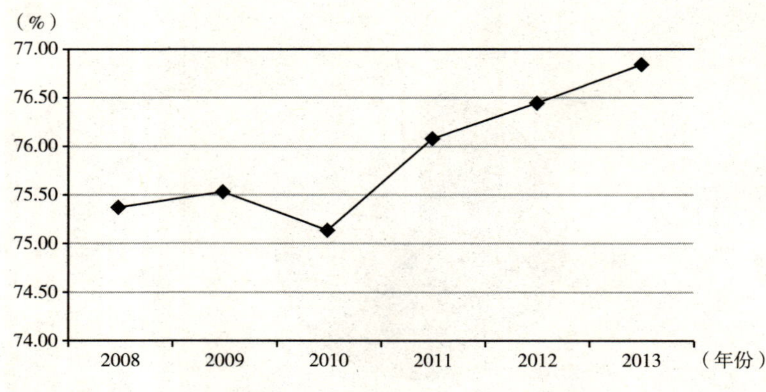

图 3-4　北京市近年来第三产业 GDP 占比变化情况

3.1.2　北京市第三产业内部结构

第三产业作为北京市经济发展的主要推动力，其内部结构随着经济社会发展，也产生了变化，且随着京津冀协同发展进程的逐步深入，会产生更为剧烈的变化。近几年第三产业内部结构数据如表 3-4 所示。

表 3-4　第三产业内部结构情况（2008～2013 年）　单位：%

项　目	2008 年	2009 年	2010 年	2011 年	2012 年	2013 年
交通运输、仓储和邮政业	5.96	6.06	6.71	6.55	5.98	5.89
信息传输、计算机服务和软件业	11.93	11.62	11.45	12.08	11.86	11.67
批发与零售业	17.04	16.62	17.81	17.31	16.31	15.84
住宿和餐饮业	3.28	2.86	3.00	2.81	2.73	2.50
金融业	18.14	17.48	17.57	17.92	18.56	18.83
房地产业	10.08	11.57	9.49	8.69	9.10	8.94
租赁和商务服务业	9.14	8.82	8.99	9.40	9.81	10.25
科学研究、技术服务与地质勘查业	8.44	8.90	8.88	9.19	9.27	9.64
水利、环境和公共设施管理业	0.70	0.73	0.71	0.70	0.75	0.75
居民服务和其他服务业	0.89	0.81	0.93	0.91	0.92	0.88
教育	4.80	4.83	4.87	4.90	4.98	5.06

续表

项　目	2008 年	2009 年	2010 年	2011 年	2012 年	2013 年
卫生、社会保障和社会福利业	2.24	2.32	2.40	2.52	2.65	2.77
文化、体育与娱乐业	2.96	2.82	2.78	2.75	2.94	2.97
公共管理与社会组织	4.42	4.57	4.38	4.29	4.13	3.99

根据表 3 –4 数据显示，批发与零售业在第三产业中所占比重近四年来持续降低，从 2010 年的 17.81% 降至 2013 年的 15.84%，四年下降了近两个百分点，其中原因部分与电子商务的发展关系密切，部分是因为房地产价格的飙升，迫使利润较低的批发和零售业降低规模，另外也与人力资源成本增加过快有很大关系（见图 3 –5）。

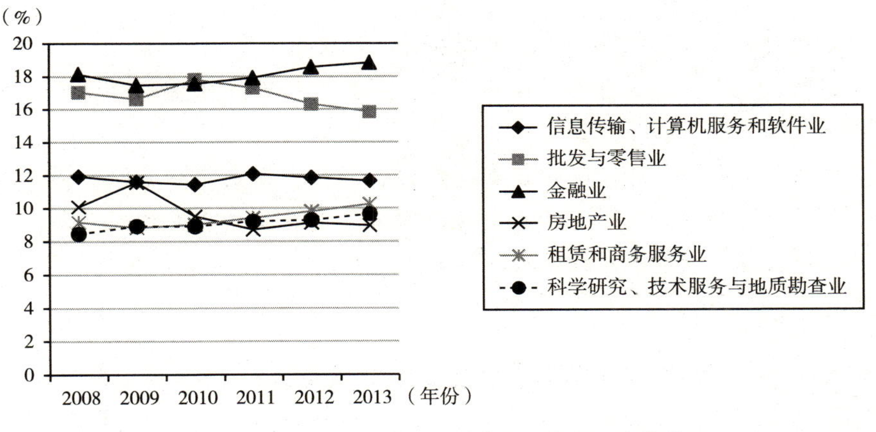

图 3 –5　北京市近五年来第三产业内部结构占比变化情况（1）

住宿和餐饮业情况与批发零售业的境况相似，在第三产业中所占比重近些年持续降低（见图 3 –6），从 2008 年的 3.28% 降至 2013 年的 2.50%（其中 2009 年是因为国际金融危机带来的波动）。因为住宿和餐饮业需要较多的人力资源投入，工资水平的提高，使此类企业发展困难，降低了其收入水平。

金融业从 2009 年金融危机以来，在第三产业中的比重持续增加，因为近些年我国企业融资难问题突出，资金缺口较大，催生了金融业的迅速发展，并且由于金融业自身利润水平较高，属于高端服务业，符合北京市整体发展

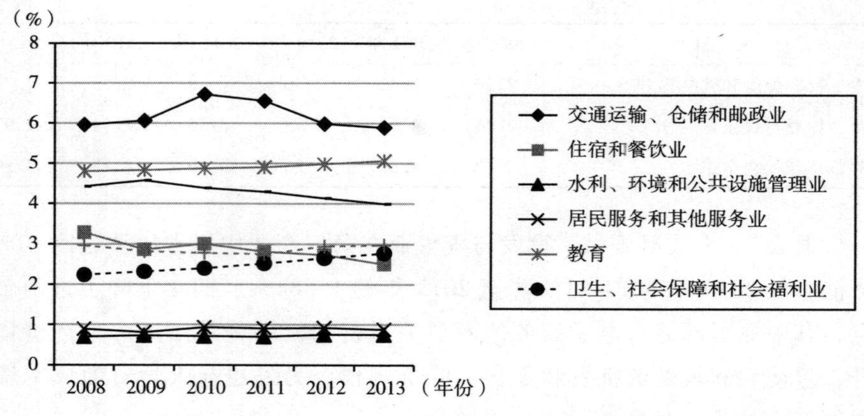

图 3-6　北京市近五年来第三产业内部结构占比变化情况（2）

定位，政府也对此予以支持。多种因素导致其比重上升。

房地产业则是因为全国行业景气度下降，导致了其在整个产业中的比重下降。

租赁及商务服务业、科学技术、教育、卫生、文化等均呈现不同程度的上升势头，这些行业均属于较为高端的服务业，其盈利能力较强、人力资源投入相对较低、产业发展预期较好等多方面因素导致了其发展速度较快。

3.2　天津市产业结构现状及分析[①]

天津位于海河下游，地跨海河两岸，是北京通往东北、华东地区铁路的交通咽喉和远洋航运的港口，有“河海要冲”和“畿辅门户”之称。北起蓟县黄崖关，南至滨海新区翟庄子沧浪渠，南北长 189 公里；东起滨海新区洒金坨以东陡河西干渠，西至静海县子牙河王进庄以西滩德干渠，东西宽 117 公里。天津市疆域周长约 1290.8 公里，海岸线长 153 公里，陆界长 1137.48 公里。东、西、南分别与河北省的唐山、承德、廊坊、沧州地区接壤。对内腹地辽阔，辐射华北、东北、西北 13 个省市自治区，对外面向东北亚，是中

① 本节所采用的经济分析数据来自《天津市统计年鉴（2014）》及国家统计局网站。

国北方最大的沿海开放城市。

3.2.1 天津市三次产业结构

观察天津市2007~2013年三次产业变动情况（见表3-5~表3-9），可以看出以下特点：

表3-5　天津市地区生产总值（2007~2013年）　单位：亿元

年份	地区生产总值	第一产业	第二产业	工业	建筑业	第三产业	人均生产总值（元）
2007	5252.76	110.19	2892.53	2661.87	230.66	2047.68	46122
2008	6719.01	122.58	3821.07	3533.86	287.21	2410.73	55473
2009	7521.85	128.85	3987.84	3622.11	365.73	3405.16	62574
2010	9224.46	145.58	4840.23	4410.85	429.38	4238.65	72994
2011	11307.28	159.72	5928.32	5430.84	497.48	5219.24	85213
2012	12893.88	171.6	6663.82	6123.06	540.76	6058.46	93173
2013	14370.16	188.45	7276.68	6678.6	598.08	6905.03	99607

表3-6　天津市地区生产总值构成（2007~2013年）　单位:%

年份	全市生产总值	第一产业	第二产业	工业	建筑业	第三产业
2007	100	2.2	57.3	50.7	4.4	40.5
2008	100	1.9	60.1	50.9	4.3	37.9
2009	100	1.7	53	48.2	4.9	45.3
2010	100	1.6	52.5	47.8	4.6	46
2011	100	1.4	52.4	48.0	4.4	46.2
2012	100	1.33	51.68	47.5	4.2	46.99
2013	100	1.3	50.6	46.5	4.2	48.1

表3-7　2010~2012年按产业分天津市生产总值　单位：亿元

项　目	2010年	2011年	2012年
全市生产总值	9224.46	11307.28	12893.88
第一产业	145.58	159.72	171.60
第二产业	4840.23	5928.32	6663.82

续表

项　　目	2010 年	2011 年	2012 年
工业	4410.85	5430.84	6123.06
建筑业	429.38	497.48	540.76
第三产业	4238.65	5219.24	6058.46
交通运输、仓储和邮政业	585.37	632.10	683.56
信息传输、计算机服务和软件业	154.14	172.10	176.61
批发和零售业	1090.68	1463.89	1680.33
住宿和餐饮业	157.66	194.52	222.18
金融业	572.99	756.50	1001.59
房地产业	377.59	411.46	449.65
租赁和商务服务业	211.83	277.57	334.72
科学研究、技术服务和地质勘察业	274.59	332.70	383.61
水利、环境和公共设施管理业	59.22	72.65	83.87
居民服务和其他服务业	202.25	237.05	270.65
教育	209.21	248.65	281.29
卫生、社会保障和社会福利业	100.29	119.61	139.18
文化、体育和娱乐业	45.81	57.20	66.96
公共管理和社会组织	197.02	243.24	284.26

表 3－8　　天津市 1995～2012 年三次产业贡献率　　单位:%

年份	全市生产总值	第一产业	第二产业	工业	第三产业
1995	100	2.9	55.5	52.6	41.6
1996	100	3.6	58.1	55.1	38.3
1997	100	3.8	56.4	53.0	39.8
1998	100	4.1	45.7	40.3	50.2
1999	100	0.1	66.5	66.9	33.4
2000	100	1.8	61.9	61.6	36.3
2001	100	2.3	54.2	48.8	43.5
2002	100	2.0	57.8	53.4	40.2
2003	100	1.5	63.1	59.2	35.4
2004	100	1.2	66.6	66.1	32.2

续表

年份	全市生产总值	第一产业	第二产业	工业	第三产业
2005	100	0.9	65.2	61.6	33.9
2006	100	0.7	60.1	54.9	39.2
2007	100	0.2	59.2	56.1	40.6
2008	100	0.4	61.1	58.5	38.5
2009	100	0.4	61.5	58.0	38.1
2010	100	0.3	66.3	63.3	33.4
2011	100	0.4	58.6	56.1	41.0
2012	100	0.3	58.6	55.9	41.1

注：1. 产业贡献率指各产业增加值增量与 GDP 增量之比。2. 本表数据按可比价格计算。

表 3－9　天津市 1995～2012 年三次产业对地区生产总值增长的拉动 单位：百分点

年份	全市生产总值	第一产业	第二产业	工业	第三产业
1995	14.9	0.4	8.3	7.8	6.2
1996	14.3	0.5	8.3	7.9	5.5
1997	12.1	0.5	6.8	6.4	4.8
1998	9.3	0.4	4.2	3.7	4.7
1999	10.0		6.7	6.7	3.3
2000	10.8	0.2	6.7	6.7	3.9
2001	12.0	0.3	6.5	5.9	5.2
2002	12.7	0.2	7.4	6.8	5.1
2003	14.8	0.2	9.3	8.8	5.3
2004	15.8	0.2	10.5	10.4	5.1
2005	14.9	0.1	9.7	9.2	5.1
2006	14.7	0.1	8.8	8.1	5.8
2007	15.5		9.2	8.7	6.3
2008	16.5	0.1	10.1	9.6	6.3
2009	16.5	0.1	10.1	9.6	6.3
2010	17.4	0.1	11.5	11.0	5.8
2011	16.4	0.1	9.6	9.2	6.7
2012	13.8		8.1	7.7	5.7

注：1. 产业拉动指 GDP 增长速度与各产业贡献率之乘积。2. 本表数据按可比价格计算。

（1）第一产业在三次产业中的比值从2007年的2.1%下降到2012年的1.3%。近年来，尽管农业对GDP的贡献率不大，但是农业对天津市经济发展方式转变意义深远。尤其在环境保护方面有重要贡献。

（2）第二产业在三次产业中的比值从2007年的55.1%下降到2012年的51.7%。贡献率波动性不大，但产业内部结构还是存在一定变化。

（3）第三产业在三次产业中的比值从2007年的42.8%上升到2012年的47%，虽呈上升趋势，但是所占比例相对其他中心城市仍然较低。第三产业既能积极承担环境保护责任、实现国家减少温室气体排放指标的要求，又能帮助调整经济结构、建设生态文明。所以第三产业应该成为实现经济发展与资源环境保护双赢的理想选择。

（4）天津的产业结构与其他发达地区相比，仍存在着一些差距，主要问题表现在：

第一，三次产业结构的比例不协调，而且产业结构升级步伐缓慢。第三产业占比仍大大低于发达国家水平，而且与北京、上海、广州等特大城市相比还有较大的差距。第三产业的比重低且不稳定。这将不利于填补产业差距、扩大消费需求和就业、增加地方财政收入、增强自主增长能力、实现天津经济发展方式转型。

第二，产业内各部门发展不协调。如在制造业中，重工业比重过大。2011年规模以上工业总产值20857.72亿元，增长29.2%；其中，轻工业总产值3524.47亿元，增长40.0%，重工业总产值17333.25亿元，增长27.2%。轻、重工业比达1∶4.9，二者发展极不均衡。

第三，产业内各企业仍处于产业链的低端。任何行业的产业链，除了加工制造，还有六大环节：产品设计、原料采购、物流运输、订单处理、批发经营、终端零售。而天津的制造业重心虽然已基本实现了由劳动密集型产业向资本技术密集型产业的转移，但在产业链条层次上，仍主要集中在附加值最低的，浪费资源的，破坏环境的生产制造环节，而不是研发、设计、销售和服务环节，也即没有自有品牌。我们仍处于垂直分工体系中的低端，距发展现代制造业的目标仍有较大的距离。

天津市2013年实现地区生产总值14370.16亿元，按可比价格计算，比上年增长12.5%。近年来天津市三次产业都有所发展，天津市坚持产业结构优化与升级，积极转变发展方式，培育发展关系天津核心竞争力的优势支柱产业，形成了若干新的经济增长点，使产业结构发生了很大的变化。

分三次产业看，第一产业增加值 188.45 亿元，增长 3.7%；第二产业增加值 7276.68 亿元，增长 12.7%；第三产业增加值 6905.03 亿元，增长 12.5%。三次产业结构为 1.3：50.6：48.1。

3.2.2 天津市第二产业内部结构

2013 年天津市工业生产平稳增长。全年全部工业增加值 6678.60 亿元，增长 12.8%。其中，规模以上工业增加值增长 13.0%。全部工业总产值 27169.14 亿元，增长 13.0%；其中，规模以上工业总产值 26400.37 亿元，增长 13.1%。

工业结构调整呈现积极变化。全年航空航天、石油化工、装备制造、电子信息、生物医药、新能源新材料、轻纺和国防八大优势产业完成工业总产值 23578.60 亿元，增长 12.7%，占规模以上工业的 89.3%。高新技术产业完成工业总产值 8136.02 亿元，增长 16.5%，占规模以上工业的 30.8%，比上年提高 0.6 个百分点。航空航天、新一代信息技术、生物技术与健康、高端装备制造等战略性新兴产业不断发展壮大，产业聚集效应进一步显现，国家新型工业化产业示范基地达到 8 家。

企业效益继续增长。全年规模以上工业企业完成主营业务收入 27011.12 亿元，增长 13.1%；实现利税总额 3170.05 亿元，增长 6.4%，其中，利润总额 1992.76 亿元，增长 2.2%。在 39 个工业行业大类中，有 37 个行业实现盈利。

建筑业发展保持稳定。全年建筑业增加值 598.08 亿元，增长 11.4%；总产值 3670.53 亿元，增长 12.6%。当年新签合同额 4041.82 亿元，增长 14.7%。年末全市有总承包和专业承包资质的建筑企业 1756 家。

从以上数据能够得出，天津市第二产业比重逐年降低，但变化不大，其内部工业所占比重过高，2012 年工业占第二产业的 92%，建筑业只占 8%，内部结构不合理。

3.2.3 天津市第三产业内部结构

（1）批发零售和住宿餐饮。

2013 年批发和零售业增加值 1902.52 亿元，增长 11.2%；住宿和餐饮业增加值 241.34 亿元，增长 3.8%。

商贸流通规模进一步扩大。全年批发和零售业商品销售总额 31932.26 亿元，增长 20.5%。其中，金属材料、石油及制品、汽车、煤炭及制品四大支柱类商品合计实现销售额 2.09 万亿元，占限额以上销售额的 77.6%。全市亿元以上批发市场 60 家，主要集中在金属材料、农副产品、建筑装饰材料、汽车、五金机电五大行业，成交额达到 3009 亿元，增长 10.0%。社会消费品零售总额 4470.43 亿元，增长 14.0%。其中，当当网、唯品会、苏宁易购、亚马逊等互联网销售企业实现零售额 70.48 亿元，增长 79.8%。

大众餐饮消费增势良好。全年住宿餐饮业营业额 661.76 亿元，增长 13.5%。其中，限额以下住宿餐饮业营业额 519.83 亿元，增长 20.1%，高于全市平均水平 6.6 个百分点，占全市的 78.6%；限额以上住宿餐饮业营业额 141.93 亿元，下降 5.5%。

（2）交通、邮电和旅游。

2013 年全年交通运输、仓储及邮政业增加值 725.05 亿元，增长 10.0%。

交通运输平稳增长。全年货运量 51602.54 万吨，其中，公路 31985.00 万吨，增长 15.3%；铁路 8445.95 万吨，增长 6.8%；水运 9884.42 万吨。货物周转量 5390.47 亿吨公里，其中，公路 368.46 亿吨公里，增长 15.8%；铁路 273.47 亿吨公里，下降 4.6%；水运 4741.83 亿吨公里。全年客运量 29518.36 万人，增长 3.7%；旅客周转量 472.89 亿人公里，增长 9.3%。港口货物吞吐量 5.01 亿吨，增长 5.0%；集装箱吞吐量 1301.20 万标准箱，增长 5.8%。机场旅客吞吐量 1003.58 万人次，增长 23.3%；货邮吞吐量 21.44 万吨，增长 10.4%。

公共交通出行量持续增长。全年公共交通客运量 16.08 亿人次，其中轨道交通客运量 2.43 亿人次，增长 1.2 倍；公共汽电车客运量 13.65 亿人次，增长 0.5%。年内新辟公交线路 25 条，累计公交线路达 566 条；年末公交运营车辆 9670 辆，运营出租车 31940 辆。

汽车拥有量快速增长。截至年末，全市民用汽车拥有量 273. 31 万辆，增长 16. 8%，其中私人汽车 224. 42 万辆，增长 14. 4%；民用轿车拥有量 174. 38 万辆，增长 19. 7%，其中私人轿车 157. 46 万辆，增长 21. 9%。当年新注册民用汽车 42. 65 万辆，增长 22. 9%，其中民用轿车 28. 88 万辆，增长 24. 6%。

邮电业务量持续扩大。全年邮电业务总量 220. 53 亿元，增长 7. 8%。其中，电信业务总量 173. 79 亿元，增长 7. 0%；邮政业务总量 46. 74 亿元，增长 10. 9%。全年发送邮政函件 17751. 50 万件，其中，快递 1418. 50 万件。年末公网固定电话用户 352. 82 万户，移动电话用户 1323. 15 万户。互联网用户 930. 89 万户，增长 11. 6%；其中，宽带接入用户 271. 88 万户，增长 12. 0%，光纤接入用户 92. 68 万户，增长 44. 3%。

旅游市场繁荣活跃。全年接待国际旅游人数 264. 54 万人次，增长 13. 0%；其中，外国人 242. 03 万人次，增长 13. 3%。国际旅游外汇收入 25. 91 亿美元，增长 16. 4%。接待外省市游客人数比上年增长 13. 4%，国内旅游收入增长 19. 3%。全市 30. 26 万人次出国出境旅游，增长 9. 3%；出国旅游人均支出 17768. 59 元，增长 6. 6%。华侨城天津欢乐谷、欢乐海魔方、米立方水世界等旅游项目建成开放。年末全市有星级宾馆 106 家；旅行社 390 家，其中有出境资质的 36 家；A 级及以上景区 94 个；国家和市级工农业旅游示范点 59 个。

（3）金融。

2013 年金融业增加值 1202. 04 亿元，增长 18. 3%。截至年末，全市金融机构（含外资）本外币各项存款余额 23316. 56 亿元，增长 14. 9%。全年新增存款 2976. 68 亿元，比上年多增 251. 08 亿元；其中，新增单位存款 1918. 19 亿元，新增个人存款 914. 35 亿元。各项贷款余额 20857. 80 亿元，增长 13. 4%。全年新增贷款 2427. 27 亿元，比上年少增 39. 03 亿元；其中，新增短期贷款 1096. 55 亿元，新增中长期贷款 911. 74 亿元，新增融资租赁 469. 74 亿元。

金融改革创新稳步推进。全年新增 12 家法人金融机构，累计达到 56 家，天津成为拥有金融全牌照的城市之一。新型金融服务业态集聚发展，新增融资租赁公司81家，累计达到197家；新增商业保理公司47家，累计达到96家；新开业小额贷款公司29家，累计达到156家；村镇银行累计达到13家，实现涉农区县全覆盖。股权投资基金、创新型交易市场规范发展，意愿结汇试点取得成效。

证券交易规模大幅增长。年末全市境内上市股票38只。全年各类证券交易额16696.40亿元，增长55.4%。其中，股票交易额10373.49亿元，增长33.8%；债券交易额464.55亿元，增长4.1倍；基金交易额417.82亿元，增长1.4倍。年末证券账户开户286.35万户，增长0.8%。全年期货市场成交量6234.20万手，增长46.5%；成交额68628.24亿元，增长48.1%。

保险市场平稳运行。年末全市共有保险总公司5家，当年新成立资产管理类公司1家。年末共有各类保险分公司49家，各类保险支公司、营业部、营销服务部和专属机构551家，保险专业中介机构102家。全年原保险保费收入276.80亿元，增长16.2%。其中，财产险收入102.28亿元，增长12.7%；人身险收入174.52亿元，增长18.4%。全年赔款和给付102.00亿元，增长25.9%。其中，财产险赔付58.98亿元，增长31.8%；人身险赔付43.03亿元，增长18.6%。

（4）对外经济。

对外贸易规模扩大。全年外贸进出口总额1285.28亿美元，增长11.2%。其中，进口795.03亿美元，增长18.1%；出口490.25亿美元，增长1.5%。在出口额中，一般贸易出口206.39亿美元，增长11.0%；加工贸易出口250.42亿美元，下降2.3%。全年机电产品出口341.78亿美元，占全市出口额的69.7%；高新技术产品出口192.89亿美元，占全市出口额的39.3%。对非洲、巴西、东盟等新兴市场出口分别增长32.3%、28.1%和15.0%。

内引外联取得积极成效。全年新批外商投资企业564家，合同外资额207.33亿美元，增长11.6%；实际直接利用外资168.29亿美元，增长12.1%。其中，服务业实际直接利用外资94.73亿美元，增长31.3%，占全市的比重达到56.3%；制造业实际直接利用外资72.04亿美元，下降5.5%。全年实际利用内资3120.82亿元，增长20.0%。

服务外包增势强劲。全年服务外包接包合同额23.5亿美元，增长53.8%；执行额19.3亿美元，增长57.2%，其中，离岸执行额10.6亿美元，增长 41.8%。

对外合作交流进展顺利。新签对外承包工程合同额 27.13 亿美元，增长 74.4%，全年完成营业额 31.29 亿美元，增长 0.9%。全年对外承包工程派出 8649 人，年末在外合计 10881 人。全年对外劳务合作派出 6515 人，年末在外合计 6669 人。

对口支援工作扎实推进。援疆、援藏、援青、援助甘肃等工作取得明显成效。全年拨付对口援助新疆资金 8.70 亿元，开工实施 100 个援助项目。

从以上数据可以得出，第三产业中交通运输、批发零售和金融业增长迅速，科学研究增长也较快，对外经贸方面增长不均衡，总体增速较快。

3.3 河北省产业结构现状及分析①

河北省地处华北平原，兼跨内蒙古高原。全省中环首都北京和北方重要商埠天津市，北与辽宁、内蒙古为邻，西靠山西，南与河南、山东接壤，东临渤海。海岸线长 487 公里。总面积 18.8 万平方公里。

3.3.1 河北省三次产业结构

根据最新统计数据显示，河北省 2013 年全省生产总值实现 28301.4 亿元，比上年增长 8.2%。其中，第一产业增加值 3500.4 亿元，增长 3.5%；第二产业增加值 14762.1 亿元，增长 9.0%；第三产业增加值 10038.9 亿元，增长 8.4%。第一产业增加值占全省生产总值的比重为 12.4%，第二产业增加值比重为 52.1%，第三产业增加值比重为 35.5%。

根据《河北经济年鉴》数据显示，2000 年三次产业占全省 GDP 的比重为：12.57%、52.50% 和 34.93%；2012 年三次产业占全省 GDP 的比重为：11.99%、52.69% 和 35.32%。根据以上数据对比，河北省的三次产业贡献率变动极低，三次产业结构稳定在：1.2：5.27：3.53 的状态。

① 本节所采用的经济分析数据来自《河北经济年鉴 2014》及国家统计局网站。

以表 3－10～表 3～14 是河北省经济发展数据，作为本节的主要参考数据罗列如下：

表 3－10　河北省国民生产总值数据　单位：亿元

年份	地区收入总值	地区生产总值	第一产业	第二产业	第三产业	工业	建筑业	人均地区生产总值（元）
2000	5062.69	5043.96	824.55	2514.96	1704.45	2201.73	313.23	7592
2001	5536.14	5516.76	913.82	2696.63	1906.31	2378.04	318.59	8251
2002	6039.42	6018.28	956.84	2911.69	2149.75	2580.90	330.80	8960
2003	6944.21	6921.29	1064.05	3417.56	2439.68	3009.92	407.64	10251
2004	8504.50	8477.63	1333.57	4301.73	2842.33	3812.31	489.42	12487
2005	10043.42	10012.11	1400.00	5271.57	3340.54	4704.28	567.29	14659
2006	11504.39	11467.60	1461.81	6110.43	3895.36	5485.96	624.47	16682
2007	13650.36	13607.32	1804.72	7201.88	4600.72	6515.32	686.56	19662
2008	16059.82	16011.97	2034.59	8701.34	5276.04	7891.54	809.80	22986
2009	17285.60	17235.48	2207.34	8959.83	6068.31	7983.86	975.97	24581
2010	20449.12	20394.26	2562.81	10707.68	7123.77	9554.03	1153.65	28668
2011	24585.91	24515.76	2905.73	13126.86	8483.17	11770.38	1356.48	33969
2012	26647.64	26575.01	3186.66	14003.57	9384.78	12511.60	1491.97	36584
2013		28301.41	3500.42	14762.10	10038.89	13194.76	1567.34	38716

注：1. 本表按当年价格计算。2. 2005～2008 年数据依据第二次经济普查结果进行了修订。3. 2005 年及以后执行 2002 年国民经济行业分类。

表 3－11　河北省地区生产总值构成　单位:%

年份	地区生产总值	第一产业	第二产业	第三产业	工业	建筑业
2000	100.0	16.35	49.86	33.79	43.65	6.21
2001	100.0	16.56	48.88	34.56	43.11	5.77
2002	100.0	15.90	48.38	35.72	42.88	5.50
2003	100.0	15.37	49.38	35.25	43.49	5.89
2004	100.0	15.73	50.74	33.53	44.97	5.77
2005	100.0	13.98	52.66	33.36	46.99	5.67

续表

年份	地区生产总值	第一产业	第二产业	第三产业	工业	建筑业
2006	100.0	12.75	53.28	33.97	47.84	5.44
2007	100.0	13.26	52.93	33.81	47.88	5.05
2008	100.0	12.71	54.34	32.95	49.29	5.05
2009	100.0	12.81	51.98	35.21	46.32	5.66
2010	100.0	12.57	52.50	34.93	46.85	5.65
2011	100.0	11.85	53.54	34.61	48.01	5.53
2012	100.0	11.99	52.69	35.32	47.08	5.61
2013	100.0	12.37	52.16	35.47	46.62	5.54

表 3－12　　河北省三次产业贡献率　　单位:%

年份	地区生产总值	第一产业	第二产业	第三产业	工业
2000	100.0	6.1	59.1	34.8	57.4
2001	100.0	8.4	48.1	43.5	45.2
2002	100.0	6.6	55.8	37.6	51.3
2003	100.0	6.6	62.9	30.5	54.2
2004	100.0	6.5	59.7	33.8	53.6
2005	100.0	6.6	60.2	33.2	54.0
2006	100.0	4.3	59.5	36.2	55.9
2007	100.0	3.9	58.7	37.4	56.9
2008	100.0	5.7	56.2	38.1	54.5
2009	100.0	3.8	57.1	39.1	47.4
2010	100.0	3.1	59.7	37.2	54.5
2011	100.0	4.6	62.7	32.7	58.7
2012	100.0	4.9	64.0	31.1	59.0
2013	100.0	4.8	60.0	35.2	56.5

表 3－13　　三次产业对生产总值的拉动　　单位：百分点

年份	地区生产总值	第一产业	第二产业	第三产业	工业
1990	5.8	1.3	2.0	2.5	2.1
1991	11.0	0.7	4.5	5.8	3.8
1992	15.6	－0.1	9.2	6.5	8.9

续表

年份	地区生产总值	第一产业	第二产业	第三产业	工业
1993	17.7	1.0	11.4	5.3	10.4
1994	14.9	2.3	8.3	4.3	7.3
1995	13.9	1.6	7.7	4.6	6.8
1996	13.5	1.0	8.4	4.1	7.8
1997	12.5	0.8	7.8	3.9	7.2
1998	10.7	0.8	6.5	3.4	5.9
1999	9.1	0.5	5.8	2.8	5.2
2000	9.5	0.6	5.6	3.3	5.4
2001	8.7	0.7	4.2	3.8	3.9
2002	9.6	0.6	5.4	3.6	4.9
2003	11.6	0.8	7.3	3.5	6.3
2004	12.9	0.8	7.7	4.4	6.9
2005	13.4	0.8	8.1	4.5	7.3
2006	13.4	0.6	8.0	4.9	7.5
2007	12.8	0.5	7.5	4.8	7.3
2008	10.1	0.6	5.7	3.8	5.5
2009	10.0	0.4	5.7	3.9	4.7
2010	12.2	0.4	7.3	4.5	6.6
2011	11.3	0.5	7.1	3.7	6.6
2012	9.6	0.5	6.1	3.0	5.7
2013	8.2	0.4	4.9	2.9	4.6

表 3－14　　河北省三次产业结构指标

指　　标	2000 年	2005 年	2010 年	2012 年	2013 年
产业结构					
第一产业	50.1	43.8	37.9	34.9	33.6
第二产业	26.1	29.2	32.4	34.3	34.4
第三产业	23.8	26.9	29.8	30.8	32.1
地区生产总值产业结构					
第一产业	16.3	14.9	12.6	12.0	12.4

续表

指　　标	2000 年	2005 年	2010 年	2012 年	2013 年
第二产业	49.9	51.8	52.5	52.7	52.1
第三产业	33.8	33.3	34.9	35.3	35.5
地区生产总值支出结构					
最终消费	44.4	42.7	40.8	41.7	42.0
居民消费	33.4	29.2	28.1	29.4	29.9
政府消费	11.1	13.6	12.7	12.3	12.1
资本形成总额	44.5	45.8	54.1	57.4	57.9
固定资本形成总额	36.6	42.0	52.9	56.8	57.1
存货增加	7.9	3.9	1.2	0.6	0.8
货物和服务净出口	11.0	11.4	5.1	0.9	0.1
地方财政支出结构					
#教育	17.72	17.42	18.22	21.20	21.22
实际利用外资结构					
对外借款	20.7	7.81	1.67	0.90	1.00
外商直接投资	76.4	83.92	87.74	96.24	96.62
外商其他投资	2.9	8.27	10.60	2.86	2.38
能源生产总量结构					
原煤	85.46	87.05	84.89	85.33	77.90
原油	13.13	11.33	10.53	8.27	11.66
天然气	1.11	1.29	2.07	1.72	2.76
一次电力	0.30	0.33	2.50	4.68	7.67
能源消费总量结构					
原煤	90.94	91.82	90.45	88.80	88.67
石油	8.17	7.45	7.37	7.70	7.36
天然气	0.84	0.61	1.44	1.94	2.19
一次电力	0.05	0.12	0.74	1.56	1.78
农林牧渔业产值结构					
农业	54.82	48.4	57.3	58.0	59.6
林业	1.64	1.5	1.2	1.5	1.7
牧业	39.73	43.2	33.5	32.7	31.2

续表

指　标	2000年	2005年	2010年	2012年	2013年
渔业	3.81	3.1	3.3	3.3	3.1
农林牧渔服务业		3.8	4.7	4.5	4.6
工业企业资产结构					
大型企业	46.8	47.9	53.8	67.8	54.98
中型企业		31.4	24.5	23.1	20.03
小型企业		21.8	21.7	9.0	24.99
货运量结构					
铁路	16.3	20.9	21.4	17.9	17.9
公路	81.1	75.2	76.7	80.5	80.7
水运	0.7	2.8	1.2	1.1	0.9
民用航空	…	…	…	…	…
管道	1.8	1.2	0.7	0.5	0.5
出口商品结构					
初级产品	30.2	17.7	8.1	7.1	6.6
工业制成品	69.8	82.3	91.9	91.8	92.3
进口商品结构					
初级产品	36.3	57.3	69.3	70.3	72.7
工业制成品	63.7	42.7	30.7	23.8	19.7
来华旅游人数结构					
外国人	86.27	91.6	87.3	82.5	83.1
港澳台同胞	13.73	8.4	12.7	17.5	16.9
在校学生结构					
大学生	1.8	6.3	10.8	11.5	11.6
中学生	39.8	50.8	39.1	33.0	34.5
小学生	58.5	42.9	50.1	55.4	53.9
R&D经费内部支出					
# 基础研究		3.9	3.4	2.6	2.9
应用研究		25.2	14.9	13.2	11.1
试验发展		67.7	81.8	84.2	86.0

3.3.2 河北省第一产业结构现状

河北是中国重要粮棉产区，截止到2013年现有耕地619.9万公顷，大部分的地区农作物可一年两熟，但各地耕作制差异很大。河北省的粮食播种面积占耕地总面积的80%以上，主要粮食作物有小麦、玉米、高粱、谷子、薯类等。经济作物以棉花最重要，河北省是中国重要产棉基地。此外，油料、麻类、甜菜、烟叶也重要，与棉花合为本省五大经济作物。畜牧业是本省仅次于耕作业的重要农业部门。河北还是中国重要渔区之一，以沿海渔业为主，秦皇岛是主要中心。河北省盛产栗、杏、柿、梨等果品。

2013年河北省粮食播种面积631.6万公顷，比上年增加1.4万公顷，增长0.2%；总产量3365.0万吨，增长3.6%。其中，夏粮产量1402.4万吨，增长3.6%；秋粮产量1962.6万吨，增长3.6%。2013年河北省棉花播种面积48.3万公顷，比上年下降16.5%；总产量45.7万吨，下降19.1%。油料播种面积47.0万公顷，增长3.6%；总产量151.1万吨，增长5.8%。

2013年河北省蔬菜播种面积122.0万公顷，比上年增长1.4%；总产量7902.1万吨，增长2.7%。其中设施蔬菜播种面积38.4万公顷，增长14.2%；产量2584.6万吨，增长15.3%。

2013年河北省肉类总产量448.8万吨，比上年增长1.3%。其中，猪肉产量265.3万吨，增长2.4%；牛肉产量52.3万吨，下降5.4%；羊肉产量29.1万吨，增长1.2%。年末生猪存栏1932.9万头，增长4.6%；生猪出栏3452万头，增长1.6%；禽蛋产量346.1万吨，增长1.0%；牛奶产量458.0万吨，下降2.6%。

2013年河北省水产品产量123.1万吨，比上年增长5.8%。其中，养殖水产品产量90.2万吨，增长11.0%；捕捞水产品产量32.8万吨，下降6.3%。

2013年河北省木材产量84.7万立方米，比上年增长13.4%。

2013年河北省畜牧、蔬菜、果品三大优势产业产值占农林牧渔业总产值比重达70.0%，比上年提高0.3个百分点。农业产业化经营率达到63%，提高1.5个百分点。

总体来看，河北省的第一产业内部结构状况是：农业和牧业所占比重很高，各占58%和32.7%，林业和渔业占比较低。总体结构变化不大，内部结构较稳定。

3.3.3 河北省第二产业内部结构

河北省主要煤矿有开滦、井陉、峰峰等多处，产品部分输出国外。电力工业以火电为主，石家庄、保定、邯郸、邢台、衡水、沧州组成了河北南网，还参加组成京津唐电力网（即河北北网，含省内的张家口、承德、唐山、廊坊、秦皇岛及京津）。

2012年河北省已基本形成新能源、汽车、电气、煤炭、纺织、冶金、建材、化工、机械、电子、石油、轻工、医药等优势产业。工业生产中的一些行业和产品在全国居重要地位。其中，保定的新能源产业积聚区——中国电谷在世界上都处于领先地位。以长城汽车为代表的高速发展的保定汽车工业占河北省90%以上，产销规模已经接近每年70万辆，汽车出口量居全国第一位。

2012年河北省纺织工业中的纱、布产量居全国第4位和第5位，印染、服装产量居全国第6位；建材工业中的卫生陶瓷、平板玻璃产量居全国第1位和第2位；能源工业中的洗精煤、原煤、原油产量和发电量分别居全国第1、6、7、4位；冶金工业中的钢和生铁产量居全国第5位和第3位；化学、医药工业在全国占优势地位；河北有四个国家级高新技术产业开发区：石家庄高新技术产业开发区、保定高新技术产业开发区——保定·中国电谷、唐山高新技术产业开发区和燕郊高新技术产业开发区。河北有三家国家级经济技术开发区，分别为秦皇岛经济技术开发区、廊坊经济技术开发区和沧州临港经济技术开发区。

2013年河北省全部工业增加值13194.8亿元，比上年增长9.4%。规模以上工业增加值11711.1亿元，增长10.0%。在规模以上工业中，国有及国有控股企业增加值增长3.2%，集体企业下降0.2%，股份制企业增长11.2%，外商及港澳台投资企业增长4.5%。

2013年河北省规模以上工业中，装备制造业增加值比上年增长14.5%，占规模以上工业的比重为 19.2%，同比提高 1.2 个百分点；钢铁工业增长 10.1%；石化工业增长 4.9%；医药工业增长 8.7%；建材工业增长 7.6%；食品工业增长 7.6%；纺织服装业增长 14.2%。六大高耗能行业增加值比上年增长 6.7%，增速同比回落 3.2 个百分点。其中，煤炭开采和洗选业增长 4.5%，石油加工、炼焦及核燃料加工业下降 5.8%，化学原料及化学制品制造业增长 14.1%，非金属矿物制品业增长 7.7%，黑色金属冶炼及压延加工业增长 8.6%，电力、热力的生产和供应业增长 4.8%。高新技术产业增加值增长 14.2%。其中，高端装备制造、电子信息和新能源三个领域增加值分别增长 16.3%、22.0%和 10.5%。

从第二产业内部结构看，大型企业占比高达 67.84%，中型企业占比 23.07%，小型企业占比 9.05%；从发展趋势看，大型企业占比越来越高，中型企业占比缓慢降低，小型企业占比急速降低。

反映出的问题是中小企业发展缓慢，社会融资环境不利于小企业的生长，产业结构能耗高，被政策限制较高，受到政策冲击严重的中小企业发展空间变窄等。

3.3.4 河北省第三产业内部结构

2011 年河北省已与世界 180 个国家和地区建立了经贸关系，省市级友好城市已达 75 对。到 2011 年底，河北省实际利用外资累计达到近 2000 亿美元，共建成投产“三资”大企业 9728 家，2011 年实现外贸出口 400 亿美元。外商投资的项目涉及能源、交通、通信、原材料、轻纺、机械、电子、服装、公用事业、房地产等领域。外商来自 100 多个国家和地区，其中有 90 多家国际著名大公司。河北已在中国轻工业生产中占有很重要的地位，很多原料都可在河北加工。

2013 年末全部金融机构各项存款余额 39221.3 亿元，比年初增加 5202.4 亿元，其中个人储蓄存款余额 23357.2 亿元，比年初增加 2688.9 亿元。全部金融机构各项贷款余额 23966.0 亿元，比年初增加 3041.9 亿元。

2013 年保险公司原保险保费收入 837.6 亿元，比上年增长 9.3%。其中，财产险业务原保险保费收入 309.8 亿元，增长 19.8%；寿险业务原保险保费收入 467. 2 亿元，增长 1. 8%；健康和意外伤害险业务原保险保费收入 60. 6 亿元，增长 24. 9%。支付各类赔款及给付 315. 7 亿元。其中，财产险业务赔款 160. 2 亿元，增长 19. 9%；寿险业务给付 136. 8 亿元，增长 79. 1%；健康和意外伤害险赔款及给付 18. 7 亿元，增长 33. 9%。

科技发展方面基础研究、应用研究经费支出过低，且呈现逐年递减趋势，科技投入薄弱严重制约河北经济发展。

网络经济背景下京津冀产业协同发展研究

Chapter 4

4 京津冀产业协同发展目标与产业结构优化升级

4.1 目标概述

目标是个人、部门或整个组织所期望的成果，它是前进的一个方向，有目的地去做事。

依据目标的性质、顺序、层次等，对目标进行分类。

按照目标的性质分为：①数量化目标：以具体的数字所表示的目标，这种目标常用在直线部门；②进度目标：这种目标常用在职能部门；③改善目标；④改革目标：重新检讨部门的任务，建立新的组织目标；⑤协同目标：同等职位间的联络协调，部门与部门的共同目标；⑥集体目标；⑦条件目标：为明确规定条件而设定的目标，条件变动时才修正目标。

按照目标实现的顺序分为：①成果目标：销售量、生产量、利润等。②手段目标：为实现成果目标所需的重要措施及手段。

设定目标应符合 SMART 原则：明确的（specific）、可测量的（measurable）、行动导向的（action-oriented）、务实的（realistic）、有时间表的（time-related）。

从总目标发展为各阶层目标的整个过程，可称为目标金字塔。上端为整体的总目标，顺此而下，三角形逐渐扩大，以完成组织各层次目标的制定。

4.2 京津冀产业协同发展目标

根据京津冀协同发展国家战略的设定，京津冀协同总目标为：是面向未来打造新的首都经济圈、推进区域发展体制机制创新的需要，是探索完善城市群布局和形态、为优化开发区域发展提供示范和样板的需要，是探索生态文明建设有效路径、促进人口经济资源环境相协调的需要，是实现京津冀优势互补、促进环渤海经济区发展、带动北方腹地发展的需要（2014 年 2 月 26 日，习近平同志在京津冀协同发展工作座谈会上强调提出的）。

此目标可以总结为：京津冀协同是要达到京津冀优势互补，促进区域经济发展、人口经济资源环境协调，推进区域发展体制机制创新。

在此目标中，人口可以用 L_b，L_t，L_h 表述，其中下标的 b，t，h 表示北京、天津和河北三地，以下未进行特殊标注的均同此经济可以用 Y_b，Y_t，Y_h 表述，资源可以用 K_{bi}，K_{ti}，K_{hi}表述，其中 i 表示不同种类的资源，比如矿产资源、交通资源、资金资源、网络资源、政策等；环境可以用单位面积煤炭消耗量 C_s 表述。现阶段，该目标设定中比较确定的变化趋势是 L_{b-}，L_{h+}，Y_{b+}，Y_{t+}，Y_{h++}，C_{sb-}，C_{st-}，C_{sh-}，资源目标更多的则是合理利用资源引导产业布局。

对于传统的三次产业，尤其是第二和第三产业，体现京津冀协同的重点在于如何帮助实现协同的总体目标。但也需要设定自身协同的目标，可以假定此目标为第二层次目标。根据第二、三产业的特点和总体目标的要求，可以把产业协同目标设定为：产业链条（从原材料到消费者手中的成品的整个过程中的企业群结构）上的企业的空间分布符合总体目标要求，即企业分布对京津冀的资源利用更充分、人口分布更合理、经济增长水平更高、企业群合作机制更优化等。

人口分布合理需要企业的合理分布，经济增长水平更高需要企业群合作机制的优化。因此第二层次目标的难点在于企业分布和产业链企业间合作机制这两点。

通过上述分析可以把第二层次目标凝练为：第一，产业链条企业分布合理；第二，企业间合作机制健全。

4.3 协同发展判断标准与产业结构优化升级

确定判断标准既是简化问题解决方案的途径，也是建立经济学数理模型的基础。

4.3.1 产业结构优化升级

产业结构的全面转变是现代经济增长的本质特征，实现一个国家或地区产业结构的优化升级是产业结构理论与政策的出发点和归宿（刘志彪，2009）。

企业分布合理与否是与企业运营成本休戚相关的，一般企业运营成本包括：人员成本、物流成本、销售成本（信息成本）、资源成本（材料、半成品等）。其中，人员成本在京津冀三地，高端人才成本差异较大，中低端人才成本差别不大；销售成本（信息成本）在互联网时代，电子商务使得时间和空间不再显得那么重要，获取信息的成本大幅度下降，但由于信息泛滥，导致数据和有效信息的获取需要更加专业的高端人才，因此信息成本转变为高端人才成本；资源成本是有时空特征的，不同地域的资源价格相差不大，但物流成本会随距离的增加而增加。

梳理上述内容，可以整理出影响企业布局的因素及相互间的关系如图 4－1、图 4－2 所示。

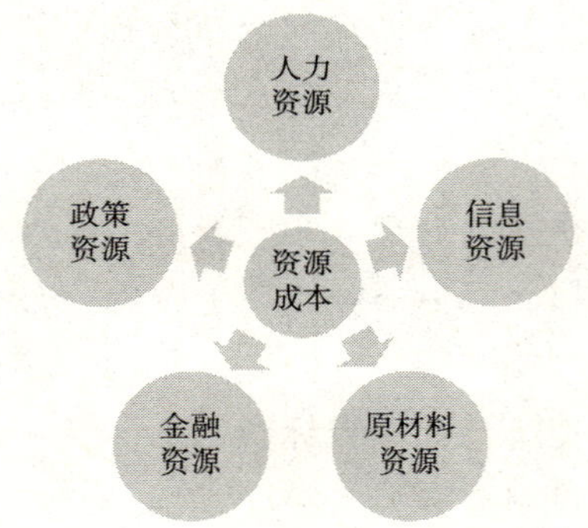

图 4－1　企业运营成本之资源成本

一般第二产业的发展是和第三产业紧密相连的，甚至可以把第二产业和第三产业连通形成一条统一的产业链条。举例来说，比如工程机械制造产业，其产业链可以是如图 4－3 所示。

图示产业链可以进行延伸，形成延伸产业链，上游延伸至钢铁冶炼、延压、相关产品进口、设计信息获取；下游延伸至销售信息获取、产品销售、成品出口。其间穿插各种物流、信息流和资金流的往来。可以形成如图 4－4 所示产业链延伸。

其中提供产品进出口服务的企业、设计信息销售信息服务提供商、金融

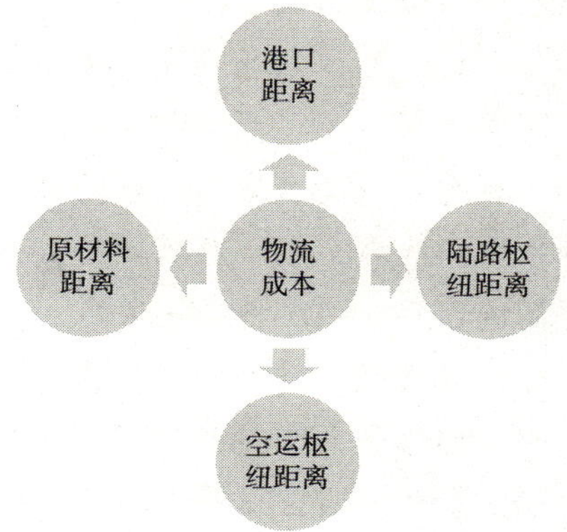

图 4-2 企业运营成本之物流成本

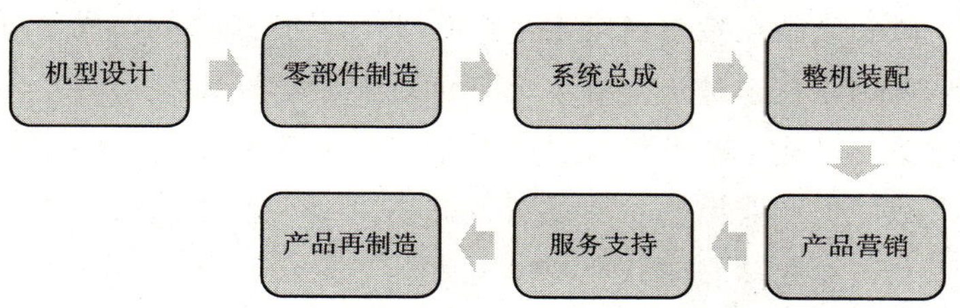

图 4-3 工程机械制造产业链示意

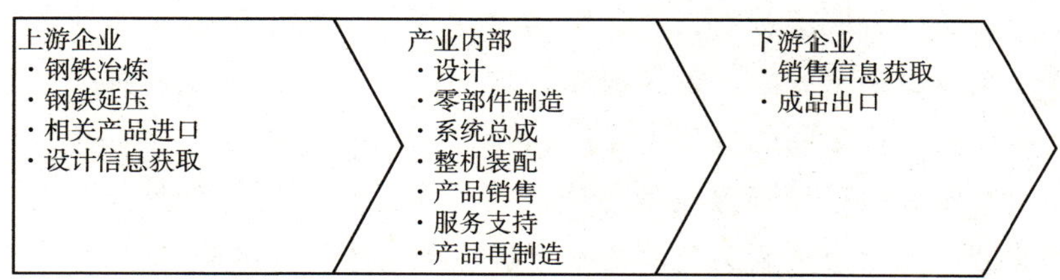

图 4-4 工程机械制造业延伸产业链示意

服务提供商、通信服务提供商、第三方物流服务商、产品回收服务商等，均为围绕工程机械制造业（第二产业）展开的第三产业。

第二产业和第三产业在资源使用方面有较大区别，在我国，第二产业一般分为劳动密集型企业和资源密集型企业两种，因此多用到人力资源和原材料资源两种。其中人力资源又以中低端的技术工人为主，高端设计人才为辅，夹杂一些管理人才，人数相对较多，集中度较高；资源密集型企业往往需要消耗大量的原材料，因此运输、能源消耗等高污染情况就较为普遍。以上两点恰恰是北京发展希望回避的所在。

第三产业较为复杂，有的是劳动密集型，有的是技术密集型，有的是高污染型的企业。从另外一个角度看，由于互联网的高度发达，可以把与生产企业相关的服务业划分为远程服务和现场服务两类。

劳动密集型服务业往往具备技术含量较低，需要现场服务的特征，比如商业、饮食业等；技术密集型服务业则具备技术含量高、高端人才聚集、远程服务为主的特征，比如金融业、信息服务业、设计技术服务等。

产业结构一般表现为产业之间的数量关系结构特征，而其内在则由产业的技术经济联系的方式——产业关联的性态所决定。

产业关联关系是在特定技术水平和产业分工的基础上形成的资源配置关系，产业结构则是技术进步推动下实现的资源配置状态，是一种综合的产业关联结构效应。产业结构升级实质是旧的资源要素配置关系的打破和新的配置关系的形成，而产业结构发展的级别状态越高，产业结构的资源转换效力也越强。因此，产业结构的核心是产业部门之间的关联关系，产业关联的性质能够从根本上决定产业结构的状况，产业结构优化升级的本质是基于产业之间技术经济关联关系深化和关联结构调整的关联效应的优化。

从上面的分析能够看出，产业结构优化即产业链条上企业的分布是否合理取决于企业的运营成本，运营成本则取决于所需资源特征，而产业关联关系则能够反映产业之间的数量特征。

因此对资源特征和资源成本的分析可以作为产业链条企业分布是否合理的评判标准，对产业关联关系的判断，能够反映产业结构的优化程度。

4.3.2 企业间合作机制健全

（1）企业契约和市场契约的转化壁垒。

从现代企业制度发展的趋势看，由于社会分工越来越细，带来了越来越强的专业性竞争优势，形成了非常多的专业化的企业。

专业化的企业间的合作与企业内部的合作分别被称作“市场契约”和

“企业契约”。

契约理论对企业本质提供了一个较为全面的解释，它认为现代企业是日益复杂的经济关系的载体，是各种要素投入者为了各自的目的而联合起来的具有法人地位的契约集合体。由于企业用要素市场代替了产品市场，而且在要素市场价格机制的作用远不如产品市场，因此企业内部主要是科层关系或等级制度代替了市场交换。企业内部的科层关系是委托代理关系的延伸。

科斯企业理论的重点是解释在市场机制起作用的条件下，为什么还存在着企业。他运用“交易费用”，发现市场机制也是要耗费成本—— 交易费用的，为了节约交易费用而出现了“企业”这类经济组织，“企业的显著特征就是作为价格机制的替代物”（科斯），无非是“一系列的契约被一个契约替代了”的结果。通过契约，生产要素为获得一定的报酬同意在一定的限度内服从企业家的指挥。

“企业契约”和“市场契约”之间的转换壁垒是信息获取成本。在企业间信息交换成本越来越低的情况下，具备不完备契约性质的“企业契约”就可以向具备较完备契约性质的“市场契约”转变。

这种转变的关键在于“信息获取成本”，转变带来的效果是出现“更加专业化的分工、更加具备竞争力的虚拟企业集群”，这种效果能够增加区域经济的活力，提高区域经济总体竞争力，使产业布局更加合理，避免出现超大型企业造成“人口集中度高、资源利用率低、物流消耗大、污染严重等”情况的发生。

因此企业间合作机制的健全的关键点在于“信息获取成本”。

（2）三流分立的关键要素。

从现代商业角度看，商品交易需要信息流、物流、资金流三个相对独立流程的支撑，即所谓的“三流分立”。它们是构成现代商品流通不可或缺的组成要素。正是信息流、物流、资金流的正常运动，才推动着商品流通的循环往复、稳定发展。

“三流分立”是流通内部分工的必然产物。

随着商品经济的发展和流通规模的扩大，贸易已逐渐成为一个独立的国民经济部门。流通企业同其他企业一样，在国民经济中占据重要地位，它所承担的商品流通任务也要求专业化，这就是社会分工发展的必然趋势。从社会分工角度来看，“三流分立”经历了这样一个过程：集“三流”于商人一身、集“三流”于流通企业内部、集“三流”于流通系统内部。

由此可见，必须按照专业化的原则分别设立“三流”实体机构，建立健全流通部门、流通网络、流通系统。

“三流分立”是企业求得生存和发展的需要。

20世纪50年代以来，各国经济发展迅速，产品丰富起来，市场竞争日趋激烈，买主处于优势地位的“买方市场”日益明显。企业意识到需要采取多样、灵活的推销手段，以适应经济增长和消费需求的要求。于是一些国家的经营家和经济学者先后对流通费用进行了分解和分析。他们通过对各种产品的物流费用及其在零售价格构成中的比重的分析，看到了向物流要效益的巨大潜力，因而物流被视为同人力、物力这两大利润源泉并列的“第三个利润源泉”，被视为经营上的“黑暗的大陆”和“降低成本的最后边界”，从而掀起了物流管理的热潮。

20世纪70年代，世界性能源危机的爆发，彻底地动摇了那种以高消耗维持高效率为立足点的传统经营观念，迫使人们加速了从效率观念向效益观念的转变，物流管理的重要性为越来越多的企业所认识。在此基础上，许多部门、企业在内部设立专门的物流管理机构，开始致力于“第三个利润源”的开发，因而在物流领域形成了一场被誉为“物流革命”的变革，逐步兴起现代化物流中心和高效率的物流网络。这样，“三流”的分立便不可避免。

物流和资金流都是由商品交易引导的流动，商品交易的达成则需要交易双方的充分沟通、交流，并形成互信。可见信息流是决定商品交易成功与否的关键因素，只有有了通畅的信息流，才能够启动商品交易所需要的物流和资金流，所以，信息流就成为“三流”中最关键的要素。

总结以上两点，可以得出，信息流和信息获取成本就成为建立企业家合作机制的关键因素，决定了合作机制健全与否和运行的通畅与否。

网络经济背景下京津冀产业协同发展研究

Chapter 5

5 京津冀产业复杂网络分析

5.1 复杂网络综述

网络科学（network science）是专门研究复杂网络系统的定性和定量规律的一门崭新的交叉科学，研究涉及复杂网络的各种拓扑结构及其性质，与动力学特性（或功能）之间相互关系，包括时空斑图的涌现、动力学同步及其产生机制，网络上各种动力学行为和信息的传播、预测（搜索）与控制，以及工程实际所需的网络设计原理及其应用研究，其交叉研究内容十分广泛而丰富。

5.1.1 网络科学研究的意义

通信网络、电力网络、生物网络、社会网络和经济网络等实际网络分别是通信科学、电力科学、生命科学、社会科学和经济科学等不同学科的研究对象。

复杂网络一般具有以下特性：

（1）小世界。它以简单的措辞描述了大多数网络尽管规模很大但是任意两个节（顶）点间却有一条相当短的路径的事实。以日常语言看，它反映的是相互关系的数目可以很小但却能够连接世界的事实，例如，在社会网络中，人与人相互认识的关系很少，但是却可以找到很远的无关系的其他人。正如麦克卢汉所说，地球变得越来越小，变成一个地球村，也就是说，变成一个小世界。

（2）集群即集聚程度（clustering coefficient）的概念。例如，社会网络中总是存在熟人圈或朋友圈，其中每个成员都认识其他成员。集聚程度的意义是网络集团化的程度；这是一种网络的内聚倾向。连通集团概念反映的是一个大网络中各集聚的小网络分布和相互联系的状况。例如，它可以反映这个朋友圈与另一个朋友圈的相互关系。

（3）幂律（power law）的度分布概念。度指的是网络中某个顶（节）点（相当于一个个体）与其他顶点关系（用网络中的边表达）的数量；度的相关性指顶点之间关系的联系紧密性；介数是一个重要的全局几何量。顶点 u 的介数含义为网络中所有的最短路径之中，经过 u 的数量。它反映了顶点 u（即网络中有关联的个体）的影响力。无标度网络（scale-free network）的特征主要集中反映了集聚的集中性。

5.1.2 网络科学研究的复杂性及主要内容

网络系统的复杂性主要体现在以下几个方面：

（1）结构复杂性。网络连接结构看上去错综复杂、极其混乱，而且网络连接结构可能是随时间变化的。

（2）节点复杂性。网络中的节点可能是具有分叉和混沌等复杂非线性行为的动力系统。

（3）结构与节点之间的相互影响。即社会网络的结构会影响到个体的行为，同时节点的行为也可能影响到网络结构。

（4）网络之间的相互影响。网络化社会的各种基础网络之间的相互关联度越来越高，相互影响业绩越来越大。

根据网络科学的研究，目前其主要的研究内容及思路可以归纳总结如下：

（1）发现。揭示刻画网络系统结构的拓扑性质，以及度量这些性质的合适方法。即对复杂网络的结构性质进行分析，其中很重要的就是如何能够有效获得网络结构数据。

（2）建模。建立合适的网络模型有助于人们理解这些统计性质的意义与产生机理。网络建模的一个关键问题是基于对实际网络的理解，找到合适的平衡。

（3）分析。基于单个节点的特性和整个网络的结构性质分析与预测网络的行为。

（4）设计。提出改善已有网络性能和设计新的网络的有效方法。

5.2　产业复杂网络概念及特征

5.2.1　产业复杂网络的概念

产业结构是一种重要的关联效应，而产业结构的变动内在是由于产业关联性质的变化，产业结构状态必然与特定的产业关联特征相关，因此通过设计一套描述特定产业关联特征的指标体系能够实现对结构升级状况的分析。

最近关联研究的一个明显趋势就是在关联网络分析中引入复杂网络方法，虽然尚不完善，但表明产业关联系统结构的研究可以转化为产业关联网络的分析，而当应用恰当的网络方法和指标，产业关联网络能够有力解析经济产业关联系统的“复杂性”，这是产业复杂网络概念提出和建模研究的重要思想基础。

基础静态投入产出模型具有关联性质不能有效区分的局限性，因为产业之间并非只要存在流量的投入产出关系、物料的消耗关系及产品分配关系就是“重要性”关联关系，而是这种关系的度量数值需要达到一定程度，超过某一临界数值或者过滤值后才能成为“重要性”产业关联关系，赵炳新（1996）基于关联关系的强弱等级差异，提出“强关联”的概念，而王茂军和杨雪春（2011）等也认为阈值之上的关联为“有效性”关联，产业“强关联关系”是关联关系和关系结构特征分析的基础性关系。将产业或者产品看成点，产业节点间依据一定方式确立的“强关联”关系进行连边而形成描述产业系统的产业网络，由于不同类别和性质的产业在产业系统中地位和作用迥异，同时伴随着因产业衰退与成长而发生的产业力量对比的此消彼长，产业间关联关系在技术、经济、社会等因素的影响制约下不断发生着深刻而复杂的变化，因而由产业强关联形成的网络具有复杂性特征，这种网络就称为产业复杂网络（industry complex network，ICN）。产业复杂网络中的“强关联”关系描述的是一个区域内部的产业部门之间的关联关系，如同产业结构一般是研究地区或国家内部三次产业的比重及演化趋势或规律，产业复杂网络也是具有区域性特征的概念，而不同区域产业关联的分析可界定为产业复杂网络间的关系问题，即“网络的网络”。识别“强关系”同时区分出“弱关系”，“强与弱”关系共同构成了“重要性”关联关系。

联盟及一体化战略本质是产业链的搜索和优化，企业在产业复杂网络中基于降低成本、风险或者提高收益和供应链稳定性的目标而寻找竞争优势和打造产业链的战略行为，实际是网络上的最优路径选择问题；区域竞争优势的识别，产业聚集、产业集群和循环经济等方面分析可归集为产业复杂网络的子网提取问题。这些都是产业复杂网络分析中的基本问题，而产业升级、结构优化等则是目标产业复杂网络的设计和实现问题，是基本问题的逆问题和扩展问题。所以，产业复杂网络模型方法就是用网络数据描写问题，并通过网络来解决问题。因此，基于产业复杂网络，关联结构和关联效应的分析能够多维度全面展开，可以成为经济管理决策的有力工具，这就是产业复杂网络的内涵、作用和意义。

5.2.2 产业结构升级的意义与特征分析

产业结构的全面转变是现代经济增长的本质特征，实现一个国家或地区产业结构的优化升级是产业结构理论与政策的出发点和归宿（刘志彪，2009）。产业结构一般表现为产业之间的数量关系结构特征，而其内在则由产业的技术经济联系的方式——产业关联的性态所决定。产业关联关系是在特定技术水平和产业分工的基础上形成的资源配置关系，产业结构则是技术进步推动下实现的资源配置状态，是一种综合的产业关联结构效应。产业结构升级实质是旧的资源要素配置关系的打破和新的配置关系的形成，而产业结构发展的级别状态越高，产业结构的资源转换效力也越强。因此，产业结构的核心是产业部门之间的关联关系，产业关联的性质能够从根本上决定产业结构的状况，产业结构优化升级的本质是基于产业之间技术经济关联关系深化和关联结构调整的关联效应的优化。

一般来看，对产业结构升级水平进行分析评价存在两种研究思路，一是选取参照结构进行比照性分析，或者应用“霍夫曼比例”、“库兹涅茨法则”、“钱纳里标准结构”等模型进行比较研究，或者选取一个参照国家或地区进行对比，如刘伟（1995）以日本为参照物的中国产业结构研究，洪银兴等

(2003）以中国多个省份互为对比的产业结构的相似性分析，陈家玮（2004）以韩国为参照的浙江产业结构演进水平类比研究等。这种思路侧重对于目标产业结构发展状态进行判定，而不把握产业结构多方位特征差异。

二是强调通过构建产业结构的特征指标体系实现产业结构升级状况的综合评价。齐建国（1987）设计了基于产业结构的特征和产业结构对内外部环境的适应性为原则的多层次性指标；程如轩（2001）等建立了包含三次产业比例、霍夫曼指数、基础产业超前系数、新兴产业产值比重、智力技术密集型集约化程度、生态环保产业进程、产业水平满足率八大指标的结构优化测度体系；马涛等（2004）在其基础上补充了信息产业比值指标，并进一步提出了环境可持续发展指标群、产业空间状况指标群、产业结构性关联指标群、产业组织评测指标群和人力资源利用指标群共同构成的复合结构测度体系；伦蕊（2005）则强调了产业链高度测量的重要性，研制了由基本指标层、分类指标层和权重指标层构成的立体型的工业结构高度化指标体系。产业结构指标分析无疑是研究结构变动与优化升级状况的重要而有效的方法，而已有成果也是衡量产业结构高级化状态的重要工具，但其偏重产业结构一般特征的测度，对技术关联性质变化的内在结构特征的描述则较为薄弱，虽然也涉及产业链和产业关联性质等方面，但指标视角较为单一，不能从多维度上刻画产业结构优化升级的关联特征差异性，从而难以把握技术进步推动下的产业结构变动的内在机理和产业升级的实质状态。因此，基于产业关联视角设计一套多层次的指标体系对决定结构升级的内在产业关联特征进行多角度分析具有重要理论意义。

5.3 京津冀产业复杂网络构建与分析

5.3.1 引言

瓦茨和斯多葛斯（Watts & Strogatz）及巴拉巴西与艾伯特（Barabási & Albert）在1998年的《自然》（*Nature*）和1999的《科学》（*Science*）杂志分别发表了关于小世界和随机网络的复杂网络领域论文，自此，复杂网络被不断地应用于各个领域，社会、经济管理、生物、统计物理等不同领域的学者，开始从各自的视角研究复杂网络理论及其在相应领域的应用。近年来，随着复杂网络理论成果的不断涌现，复杂网络理论与应用已成为一个颇受研究人员重视的领域。

产业部门作为国民经济的基本组成部分，各产业间既相互推动，又相互制约，产业部门之间存在着复杂的经济关联关系。纵观各类研究产业部门关联关系的成果，以投入产出数据进行产业关联效应测度的居多。纵观学者们对关联效应的研究路径，显见是对测度指标经济涵义的思考和改进带动了关联效应测度理论的发展。自赫希曼（Hirschman）提出产业关联效应问题以来，产业关联测度技术发展至今已有近 60 多年的历史，但其理论与应用仍不够成熟。

在市场经济体制下，政府的一个重要任务就是宏观经济管理。包括区域政策和产业政策等在内的宏观管理工作既要依靠能够系统而详细反映国民经济整体运行的投入产出数据，还要依靠由投入产出数据分析获得的反映宏观经济运行方面的部门间相互作用关系。以使它成为政府判断经济形势，研究问题，制定规划和政策的重要依据。

宏观经济产业部门间的关系错综复杂，因此可以把产业部门视作复杂网络节点，部门间的关系视作网络连线，形成网络。通过对网络的分析能够获得重要信息，复杂网络理论可以很好的揭示网络的拓扑结构和演变规律。

由于京津冀区域的协同发展成为目前需要解决的急迫问题，因此京津冀三地间经济结构特点和产业联系特征的详细认知能够帮助政府更好地制定协同发展政策，所以，本书将研究京津冀三地京津冀三地的产业部门网络的异同。

5.3.2 京津冀宏观经济产业网络构建

研究所需宏观经济产业网络数据，收集自分别由北京市统计局、天津市统计局和河北省统计局提供的《北京市 2012 投入产出表》、《天津市 2012 投入产出表》和《河北省 2012 投入产出表》，三省市 2012 投入产出表数据中包含了 42 部门和 139 部门两种数据，本书选用 139 部门数据及部门间技术联系作为研究对象，构建产业网络。网络构建过程中节点、关系、数据的运用和处理等情况如下：

5.3.2.1　节点与连接线

以产业部门为节点，部门间的直接消耗系数为节点间的关系基础，进行适当的简化换算后成为部门间的连接线。

直接消耗系数表示各部门产品之间的相互关系，用它来反映向后关联。由直接消耗系数 a_{ij} 构成的 n × n 的矩阵 A，称为直接消耗系数矩阵。矩阵 A 反映了投入产出表中各产业部门间技术经济联系和产品之间的技术经济联系。直接消耗系数是建立模型的最重要、最基本的系数，是投入产出模型的核心。因此使用直接消耗系数建立节点间的关系是客观且合理的。

5.3.2.2　部门间直接消耗系数的计算

部门 i 和部门 j 之间的直接消耗系数有两个，即 a_{ij} 和 a_{ji}，$a_{ij}=x_{ij}/X_j$，$a_{ji}=x_{ji}/X_i$。x_{ij} 表示生产商品 j 需要消耗商品 i 的数量，X_j 表示 j 部门的总产出，a_{ij}、a_{ji} 表示直接消耗系数。

由于两个部门间存在 a_{ij} 和 a_{ji} 两个直接消耗系数，所以部门 i 和 j 之间的连接就由这两个数值共同构成，因此为了简化网络关系，本书采用了两个数据的均值来表示两部门间的关系，即

$$r_{ij}=(a_{ij}+a_{ji})/2 \tag{5-1}$$

其中 r_{ij} 为部门间关系值。由 r_{ij} 组成的 139 × 139 的矩阵 R 就是所构建的产业网络矩阵。

5.3.2.3　数据的有效性处理及产业网络的可视化处理

对由公式（5－1）计算所得的数据构建的网络矩阵 R 进行观察，发现，其中的数据存在部分绝对值非常接近于零的数据，因此为了增加所构建网络的可靠性，对矩阵中的数据进行适当的处理，把小于矩阵均值的数据直接赋值为零，大于均值的数据保留不变。这样处理的结果是消除部门间技术经济联系较弱的连接关系，避免这些弱关联对后期分析产生影响。

三省市直接消耗系数数据经过计算处理后，形成了三个网络邻接矩阵，

确定的产业网络模型节点数为 139 个，网络边数则不尽相同，且部门自身对自己的直接消耗不计算在内，即网络不存在自环情况。使用 UCINET 对三个网络邻接矩阵进行可视化处理，分别得到如图 5－1、图 5－2、图 5－3 所示的结果。

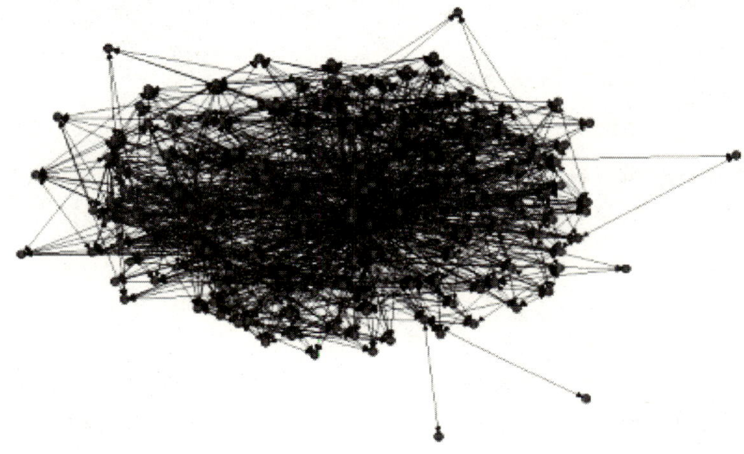

图 5－1 北京市产业网络图

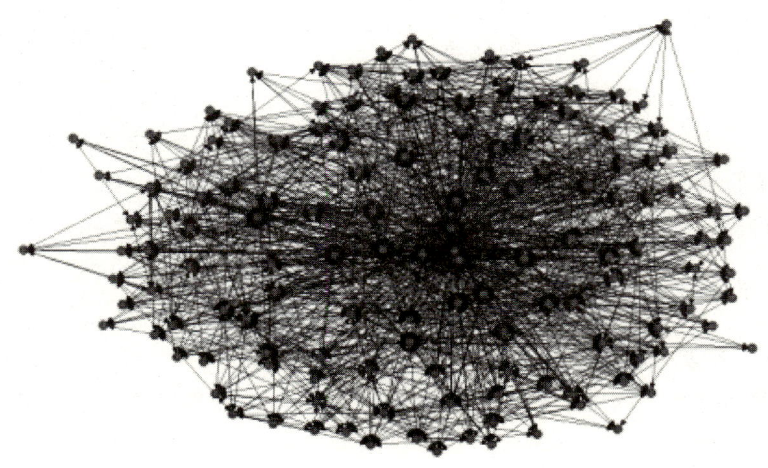

图 5－2 天津市产业网络图

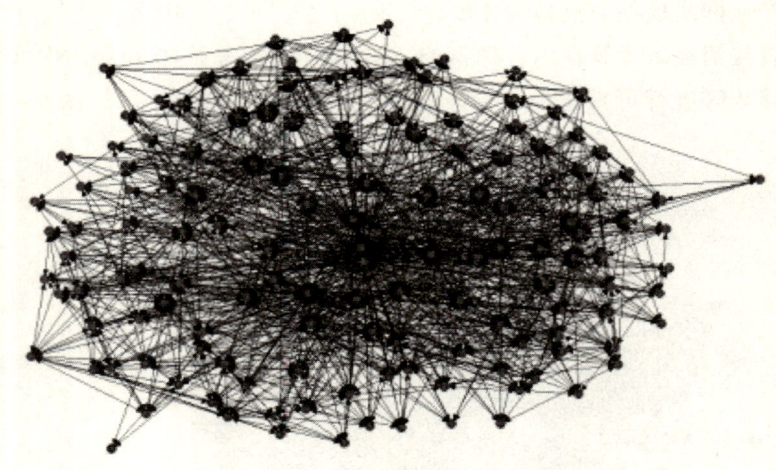

图 5－3　河北省产业网络图

通过直观观察以上三幅网络图，发现三地的产业网络存在较明显的区别，因此通过复杂网络方法对产业结构进行对比分析的思路是可行的。

5.3.3　京津冀产业网络特点实证研究

运用复杂网络方法对产业网络图的研究，主要从关联性、中心性等基本方面进行，最基本的研究是对点、线等的权利的量化研究，即中心性分析，结合本书研究对象可知，是对产业部门以及部门间关系的重要性和中心性的研究，研究哪个部门在整个产业结构中所起的作用更重要、哪个部门的中介作用更突出、哪个部门自由度更大、哪两个部门间的联系中介作用更明显等。

5.3.3.1　产业关联性分析

1）关联度分析

关联度是反映图中节点的相关性的重要指标，如果节点间的关系能够把节点联系起来，形成一个集体，则可以说明该集体具备关联性。关联度 C 的测量公式为

$$C = 1 - \left[\frac{V}{N(N-1)/2}\right] \tag{5-2}$$

其中，V 是网络中不可达的点对的数目，N 是网络的规模。

关联度大小在网络中的能够反映出多方面的不同，具体差异如表 5 – 1 所示。

表 5 – 1　　关联度所反映的不同

关联度高的图	关联度低的图
权力分散、信息分散、节点平等、均匀结构、整体受个别节点影响低	权力集中、信息集中、节点不平等、分派结构、易受个别点影响

运用到京津冀产业网络中，可以计算得出如表 5 – 2 所示的关联度数据。

表 5 – 2　　京津冀产业网络关联度

	北京市	天津市	河北省
产业网络关联度	0.0069	0.0071	0.0036

表 5 – 2 数据能发现，河北省产业部门网络图的关联度最低，反映出河北省产业结构中存在产业差距较大，个别产业权力大，部门间不平等情况较突出。北京市和天津市的情况较好。

2）特征途径长度

连接任何两点之间的最短途径的平均长度 L，L 是测量网络整体性质的一种测度，反映了网络节点的分离程度。

京津冀产业网络的特征途径长度分别描述为：北京市 L = 1.935；天津市 L = 1.869；河北省 L = 1.884。

在分析数据中，京津冀三地产业网络的平均距离均未超过 2.0，最小距离为 1，最大距离天津、河北是 3，北京是 4，且这种距离的数量极少。

3）聚类系数

聚类系数 C 描述网络的密度，即节点的聚集情况。京津冀产业网络的聚类系数分别为：北京市 C = 0.498；天津市 C = 0.477；河北省 C = 0.494。

三个数据显示三地的产业网络具有较强的聚集性。

由于京津冀产业网络同时具备了较短的特征途径长度和较大的聚类系数，因此该网络属于小世界网络的范畴。

5.3.3.2 产业网络中心性分析

“中心性”是社会网络分析的研究重点之一，对于产业网络即是研究部门在产业网络中具有的权利、所处的地位，这部分内容主要通过点的中心度和图的中心势进行量化分析。

1）节点中心度分析

节点中心度根据测度原理不同，有几种常用的中心度指标，包括度数中心度、中间中心度、接近中心度等。这几种中心度所代表的含义是不同的，度数中心度是测量网络中节点的交易能力，不考虑其对其他点的控制能力；中间中心度是测量节点的控制能力的，即研究一个节点在多大程度上居于其他两点之间；接近中心度是测量节点的自由度的，即研究节点在多大程度上不受其他点的控制。

根据各中心度计算公式，对北京市、天津市、河北省产业网络进行中心度计算，部分计算结果如表 5－3 所示。

从表 5－3 数据对比可知，各项指标排名基本相同，个别指标排名有微小变化。因此由于篇幅原因，仅在文中对比列出比较重要的“中间中心度”排名前 6 位的部门和对应的度值。具体如表 5－4 所示。

表 5－3　京津冀三地三类中心度计算值

序号	部门	北京市			天津市			河北省		
		度数中心度	接近中心度	中间中心度	度数中心度	接近中心度	中间中心度	度数中心度	接近中心度	中间中心度
1	农产品	23.91	55.42	0.74	27.54	57.74	1.11	26.09	57.26	1.38
2	林产品	11.59	51.69	0.07	9.42	52.47	0.07	10.14	51.69	0.14
3	畜牧产品	12.32	52.08	0.18	14.49	53.49	0.27	10.87	46.46	0.12
4	渔产品	9.42	51.30	0.07	7.25	51.49	0.04	7.25	51.30	0.04
5	农、林、牧、渔服务	13.04	52.08	0.16	12.32	52.67	0.18	10.87	52.27	0.21
6	煤炭采选产品	11.59	51.49	0.13	24.64	56.56	0.80	33.33	60.00	1.72
7	石油和天然气开采产品	5.07	48.94	0.01	7.97	51.69	0.06	13.77	53.08	0.11

续表

序号	部门	北京市			天津市			河北省		
		度数中心度	接近中心度	中间中心度	度数中心度	接近中心度	中间中心度	度数中心度	接近中心度	中间中心度
8	黑色金属矿采选产品	7.25	50.74	0.60	7.25	51.49	0.01	7.25	51.30	0.04
9	有色金属矿采选产品	2.90	39.09	0.01	5.80	40.83	0.05	7.97	51.11	0.03
10	非金属矿采选产品	15.94	53.49	0.45	21.01	55.87	0.48	18.12	54.98	0.24
11	开采辅助服务和其他采矿产品	5.80	50.18	0.01	8.70	52.08	0.04	13.04	53.49	0.29
12	谷物磨制品	7.25	49.82	0.00	7.25	51.49	0.02	7.97	49.82	0.05
13	饲料加工品	10.87	51.30	0.07	10.87	52.27	0.07	7.25	50.92	0.04
14	植物油加工品	8.70	50.92	0.02	7.97	51.69	0.03	9.42	50.18	0.07
15	糖及糖制品	7.25	50.74	0.02	7.97	51.49	0.05	8.70	51.88	0.04
16	屠宰及肉类加工品	5.07	48.94	0.01	7.97	51.88	0.02	9.42	52.27	0.07
17	水产加工品	5.07	48.94	0.01	8.70	51.88	0.06	6.52	50.74	0.05
18	蔬菜、水果、坚果和其他农副食品加工品	13.04	52.08	0.09	10.14	51.69	0.07	9.42	52.27	0.04
19	方便食品	11.59	51.69	0.09	10.14	52.47	0.06	8.70	51.69	0.04
20	乳制品	9.42	50.92	0.04	5.80	51.30	0.01	7.97	50.92	0.07
21	调味品、发酵制品	14.49	52.67	0.10	14.49	53.70	0.17	15.22	53.91	0.21
22	其他食品	14.49	52.47	0.10	10.14	52.08	0.07	12.32	52.47	0.21
23	酒精和酒	13.04	52.27	0.07	11.59	53.08	0.07	12.32	53.08	0.11
24	饮料和精制茶加工品	10.87	51.69	0.06	12.32	53.28	0.08	12.32	53.08	0.15
25	烟草制品	2.17	44.95	0.00	2.90	48.42	0.00	2.17	42.86	0.00
26	棉、化纤纺织及印染精加工品	7.97	50.55	0.08	14.49	53.49	0.17	14.49	53.49	0.19
27	毛纺织及染整精加工品	5.80	50.00	0.03	10.87	52.67	0.06	12.32	52.87	0.12

续表

序号	部门	北京市			天津市			河北省		
		度数中心度	接近中心度	中间中心度	度数中心度	接近中心度	中间中心度	度数中心度	接近中心度	中间中心度
28	麻、丝绢纺织及加工品	0.72	34.07	0.00	6.52	51.49	0.02	7.25	51.30	0.02
29	针织或钩针编织及其制品	0.72	34.07	0.00	7.25	51.30	0.01	11.59	52.47	0.11
30	纺织制成品	7.25	50.18	0.03	13.77	53.70	0.11	15.22	53.70	0.19
31	纺织服装服饰	8.70	51.49	2.92	9.42	52.27	0.08	7.25	51.49	0.00
32	皮革、毛皮、羽毛及其制品	5.80	49.64	0.02	10.87	51.88	0.06	10.87	52.47	0.10
33	鞋	9.42	50.74	0.03	12.32	52.67	0.06	9.42	51.88	0.04
34	木材加工品和木、竹、藤、棕、草制品	13.77	52.27	0.29	18.84	55.20	0.32	10.87	52.47	0.10
35	家具	8.70	51.11	0.04	6.52	51.11	0.01	7.25	51.49	0.02
36	造纸和纸制品	24.64	56.33	0.98	28.26	57.98	1.11	23.19	56.33	1.11
37	印刷品和记录媒介复制品	26.09	56.79	1.16	16.67	54.33	0.24	14.49	53.70	0.36
38	文教、工美、体育和娱乐用品	17.39	54.33	0.68	19.57	55.42	0.68	15.22	54.12	0.51
39	精炼石油和核燃料加工品	36.23	60.26	2.90	25.36	57.26	0.83	36.23	61.06	2.54
40	炼焦产品	1.45	35.48	0.00	9.42	51.88	0.03	12.32	53.08	0.08
41	基础化学原料	18.12	53.91	0.34	24.64	56.56	0.61	25.36	57.02	0.75
42	肥料	8.70	50.92	0.03	9.42	52.08	0.05	8.70	51.88	0.02
43	农药	8.70	51.11	0.02	10.87	52.27	0.05	13.77	53.49	0.17
44	涂料、油墨、颜料及类似产品	17.39	53.91	0.60	20.29	55.65	0.44	20.29	55.42	0.47
45	合成材料	16.67	53.70	0.23	23.19	56.56	0.49	27.54	57.98	0.95

续表

序号	部门	北京市			天津市			河北省		
		度数中心度	接近中心度	中间中心度	度数中心度	接近中心度	中间中心度	度数中心度	接近中心度	中间中心度
46	专用化学产品和炸药、火工、焰火产品	28.26	57.50	0.99	29.71	58.72	1.13	18.84	55.20	0.33
47	日用化学产品	11.59	51.69	0.11	9.42	52.27	0.02	10.14	52.47	0.09
48	医药制品	10.87	51.88	0.37	12.32	53.08	0.15	11.59	52.87	0.12
49	化学纤维制品	10.87	51.30	0.19	13.04	52.87	0.17	13.77	53.49	0.20
50	橡胶制品	15.94	52.87	0.20	15.94	53.91	0.19	17.39	54.76	0.38
51	塑料制品	42.75	62.73	3.11	42.03	63.30	2.41	28.99	58.47	1.08
52	水泥、石灰和石膏	10.14	51.11	0.11	12.32	52.87	0.26	10.87	52.08	0.09
53	石膏、水泥制品及类似制品	12.32	52.08	0.12	13.04	53.08	0.11	12.32	52.67	0.05
54	砖瓦、石材等建筑材料	15.94	52.87	0.27	14.49	53.49	0.13	13.77	53.08	0.14
55	玻璃和玻璃制品	19.57	54.55	0.27	16.67	54.12	0.45	16.67	54.33	0.21
56	陶瓷制品	9.42	50.92	0.07	11.59	52.87	0.08	13.77	53.49	0.10
57	耐火材料制品	11.59	51.88	0.33	13.04	53.49	0.26	12.32	52.87	0.10
58	石墨及其他非金属矿物制品	10.87	51.88	0.07	10.87	52.47	0.20	12.32	53.08	0.07
59	钢、铁及其铸件	16.67	53.70	1.10	23.19	56.33	0.55	19.57	54.98	0.47
60	钢压延产品	27.54	56.79	1.03	31.88	59.23	1.30	36.23	60.53	2.23
61	铁合金产品	9.42	51.30	0.04	10.87	52.67	0.06	8.70	51.69	0.04
62	有色金属及其合金和铸件	15.94	53.08	0.45	13.77	52.67	0.26	16.67	54.12	0.28
63	有色金属压延加工品	15.94	52.47	0.19	12.32	53.08	0.10	23.91	56.33	0.96
64	金属制品	43.48	63.30	3.06	39.86	62.44	2.35	41.30	62.73	2.72
65	锅炉及原动设备	10.87	52.08	0.05	12.32	52.87	0.09	13.04	53.28	0.11
66	金属加工机械	12.32	52.27	0.04	13.04	53.28	0.04	9.42	51.88	0.02

续表

序号	部门	北京市			天津市			河北省		
		度数中心度	接近中心度	中间中心度	度数中心度	接近中心度	中间中心度	度数中心度	接近中心度	中间中心度
67	物料搬运设备	12.32	52.08	0.07	7.97	50.92	0.04	10.14	52.47	0.05
68	泵、阀门、压缩机及类似机械	18.84	54.55	0.22	14.49	53.91	0.15	16.67	54.12	0.33
69	文化、办公用机械	13.04	52.47	0.34	8.70	50.74	0.08	10.87	52.87	0.10
70	其他通用设备	28.99	57.74	0.71	27.54	57.98	0.92	18.12	53.91	0.29
71	采矿、冶金、建筑专用设备	10.87	51.69	0.04	9.42	52.47	0.03	10.14	52.08	0.04
72	化工、木材、非金属加工专用设备	10.14	51.49	0.04	10.14	52.67	0.03	6.52	50.36	0.01
73	农、林、牧、渔专用机械	11.59	51.88	0.08	10.14	52.67	0.04	9.42	51.88	0.07
74	其他专用设备	17.39	53.70	0.58	22.46	56.33	0.66	10.87	52.27	0.09
75	汽车整车	7.97	50.55	0.02	10.14	52.27	0.09	9.42	49.46	0.08
76	汽车零部件及配件	14.49	52.27	0.20	13.77	53.28	0.16	5.80	50.36	0.03
77	铁路运输和城市轨道交通设备	11.59	52.08	0.06	13.77	53.70	0.26	13.77	53.08	0.12
78	船舶及相关装置	8.70	49.11	0.16	8.70	51.69	0.03	10.87	52.87	0.12
79	其他交通运输设备	9.42	51.11	0.05	10.14	51.88	0.09	9.42	52.08	0.04
80	电机	10.87	51.49	0.03	15.94	54.33	0.24	18.12	54.76	0.20
81	输配电及控制设备	19.57	54.55	0.21	18.84	55.20	0.41	18.12	54.76	0.47
82	电线、电缆、光缆及电工器材	21.01	54.98	0.97	19.57	55.42	0.49	23.19	56.56	0.92
83	电池	10.14	51.69	0.29	9.42	52.47	0.09	13.77	53.49	0.17
84	家用器具	12.32	52.08	0.07	8.70	51.88	0.14	11.59	52.67	0.07
85	其他电气机械和器材	13.04	52.67	0.33	10.14	52.47	0.06	14.49	53.91	0.15
86	计算机	11.59	51.69	0.26	9.42	52.27	0.14	16.67	54.12	0.34
87	通信设备	7.25	49.46	0.05	5.07	50.55	0.01	9.42	52.47	0.20

续表

序号	部门	北京市			天津市			河北省		
		度数中心度	接近中心度	中间中心度	度数中心度	接近中心度	中间中心度	度数中心度	接近中心度	中间中心度
88	广播电视设备和雷达及配套设备	13.77	52.67	0.15	7.97	51.69	0.02	6.52	50.18	0.06
89	视听设备	5.07	47.75	0.02	5.80	50.74	0.03	5.07	50.36	0.02
90	电子元器件	23.91	55.87	0.62	21.01	55.87	0.58	12.32	51.11	0.22
91	其他电子设备	8.70	50.36	0.06	7.97	51.69	0.04	4.35	41.07	0.00
92	仪器仪表	21.01	55.20	0.64	13.77	53.70	0.34	21.74	56.10	0.64
93	其他制造产品	15.22	53.49	0.29	18.12	54.76	0.39	17.39	54.76	0.31
94	废弃资源和废旧材料回收加工品	8.70	50.36	0.05	15.22	54.12	0.16	6.52	50.74	0.02
95	金属制品、机械和设备修理服务	47.83	65.71	4.10	52.90	67.98	5.54	13.04	52.67	0.18
96	电力、热力生产和供应	65.22	74.19	9.43	68.84	76.24	9.73	86.23	87.90	20.57
97	燃气生产和供应	10.87	51.88	0.14	3.62	50.00	0.01	10.87	52.87	0.10
98	水的生产和供应	8.70	50.92	0.01	12.32	52.87	0.16	13.04	53.08	0.31
99	房屋建筑	6.52	47.10	0.03	7.97	51.49	0.03	10.87	52.67	0.06
100	土木工程建筑	9.42	50.55	0.06	7.97	51.88	0.02	7.25	50.74	0.01
101	建筑安装	10.87	51.69	0.09	7.97	51.30	0.03	6.52	50.00	0.02
102	建筑装饰和其他建筑服务	21.01	54.33	0.73	15.22	53.91	0.33	15.22	53.08	0.24
103	批发和零售	72.46	78.41	13.51	89.86	90.79	21.93	55.80	69.35	7.31
104	铁路运输	19.57	54.33	0.66	19.57	55.20	0.44	15.22	53.70	0.30
105	道路运输	75.36	80.23	13.51	57.97	70.41	5.30	79.71	83.13	14.91
106	水上运输	5.07	42.33	0.06	11.59	53.08	0.12	9.42	48.42	0.10
107	航空运输	15.22	51.49	0.30	15.22	53.91	0.31	8.70	51.88	0.06
108	管道运输	5.07	48.42	0.01	7.25	50.74	0.02	7.25	51.11	0.02
109	装卸搬运和运输代理	5.80	48.25	0.07	15.22	53.70	0.35	9.42	51.11	0.10

续表

序号	部门	北京市			天津市			河北省		
		度数中心度	接近中心度	中间中心度	度数中心度	接近中心度	中间中心度	度数中心度	接近中心度	中间中心度
110	仓储	7.97	51.11	0.14	15.22	53.70	0.25	14.49	53.49	0.21
111	邮政	9.42	51.69	0.09	9.42	52.27	0.04	7.97	51.49	0.07
112	住宿	23.91	54.98	0.96	18.84	54.98	0.52	18.84	54.98	0.49
113	餐饮	29.71	57.50	1.57	20.29	55.42	0.71	25.36	57.02	1.29
114	电信和其他信息传输服务	13.04	51.49	0.56	13.04	52.87	0.24	11.59	52.67	0.27
115	软件和信息技术服务	7.97	47.42	0.08	7.97	51.69	0.10	8.70	48.59	0.10
116	货币金融和其他金融服务	47.83	65.71	5.03	50.00	66.67	4.53	65.22	74.19	9.36
117	资本市场服务	7.97	45.25	0.04	5.07	44.09	0.01	6.52	43.95	0.05
118	保险	10.87	51.69	0.19	12.32	53.08	0.17	13.77	53.49	0.20
119	房地产	23.19	55.65	0.78	17.39	54.55	0.37	14.49	52.27	0.29
120	租赁	10.87	51.49	0.10	23.91	56.56	1.36	13.77	52.67	0.24
121	商务服务	55.80	69.35	6.95	56.52	69.70	7.36	30.43	58.97	1.83
122	研究和试验发展	19.57	54.55	0.45	10.14	52.67	0.05	9.42	50.92	0.08
123	专业技术服务	23.91	55.65	1.22	11.59	52.87	0.08	12.32	52.87	0.12
124	科技推广和应用服务	12.32	52.08	0.16	14.49	53.91	0.18	6.52	51.49	0.01
125	水利管理	12.32	52.27	0.10	3.62	48.94	0.00	6.52	50.92	0.02
126	生态保护和环境治理	7.25	50.92	0.02	8.70	51.49	0.04	5.07	50.74	0.01
127	公共设施管理	9.42	51.30	0.03	8.70	52.08	0.05	6.52	51.30	0.01
128	居民服务	8.70	50.00	0.03	10.14	52.47	0.14	16.67	54.55	0.64
129	其他服务	21.74	54.76	0.74	26.81	57.74	1.48	26.81	57.74	1.17
130	教育	11.59	51.30	0.07	11.59	52.47	0.08	11.59	52.27	0.12
131	卫生	3.62	38.76	0.02	5.07	51.11	0.02	7.25	51.30	0.04
132	社会工作	5.07	48.42	0.02	4.35	48.76	0.01	9.42	51.49	0.04

续表

序号	部门	北京市			天津市			河北省		
		度数中心度	接近中心度	中间中心度	度数中心度	接近中心度	中间中心度	度数中心度	接近中心度	中间中心度
133	新闻和出版	10.14	50.36	0.05	7.97	51.88	0.02	7.25	51.69	0.01
134	广播、电视、电影和影视录音制作	7.97	50.92	0.02	7.25	51.69	0.05	7.97	51.30	0.07
135	文化艺术	12.32	52.08	0.12	5.80	50.00	0.02	2.17	48.42	0.00
136	体育	11.59	51.30	0.05	7.25	50.55	0.03	3.62	50.18	0.00
137	娱乐	10.87	51.49	0.07	7.25	51.69	0.04	6.52	51.11	0.01
138	社会保障	5.07	41.95	0.01	3.62	44.66	0.01	8.70	51.69	0.04
139	公共管理和社会组织	15.22	53.08	0.20	10.14	52.08	0.06	17.39	54.12	0.37

表 5-4　　京津冀产业网络节点中间中心度最大的 6 个部门

北京市		天津市		河北省	
部门	度值	部门	度值	部门	度值
批发和零售	13.51	批发和零售	21.93	电力、热力生产和供应	20.57
道路运输	13.51	电力、热力生产和供应	9.73	道路运输	14.91
电力、热力生产和供应	9.43	商务服务	7.36	货币金融和其他金融服务	9.36
商务服务	6.95	道路运输	5.80	批发和零售	7.31
货币金融和其他金融服务	5.03	金属制品、机械和设备修理服务	5.54	金属制品	2.72
金属制品、机械和设备修理服务	4.10	货币金融和其他金融服务	4.53	精炼石油和核燃料加工品	2.54

部门的中间中心度分布情况的衍生网络及可视化情况可以参见图 5-4 ~ 图 5-9。

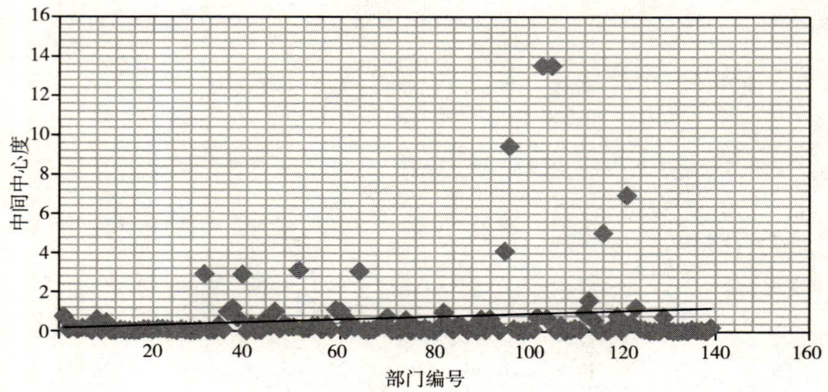

图 5－4　北京市中间中心度分布

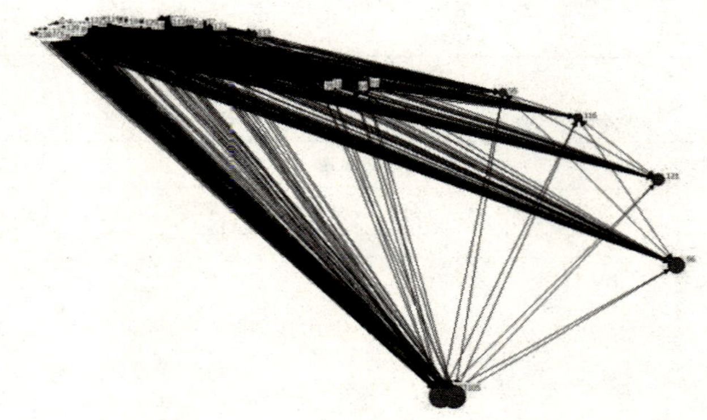

图 5－5　北京市部门中间中心度衍生网络图

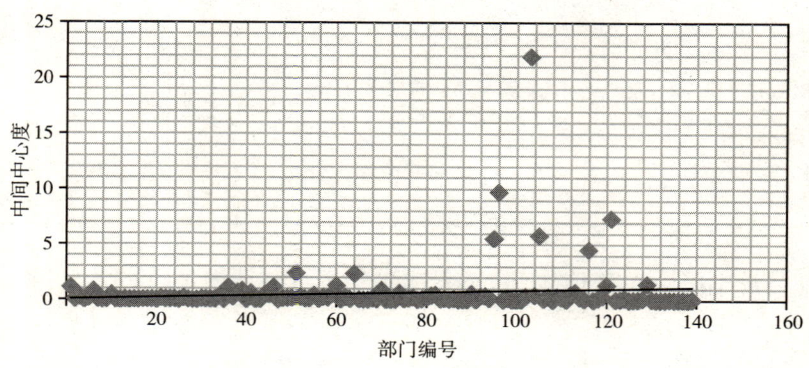

图 5－6　天津市中间中心度分布

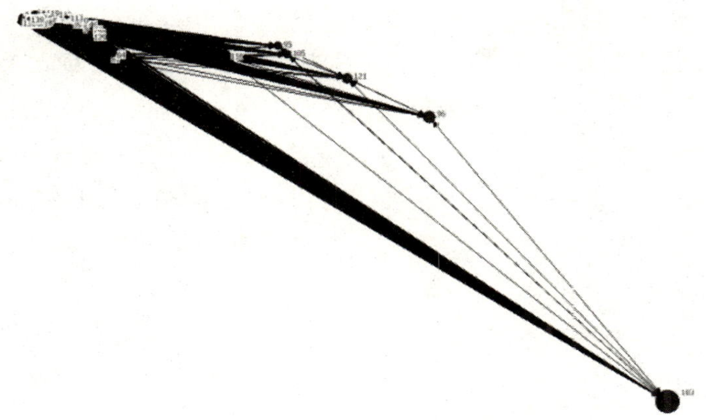

图 5-7 天津市部门中间中心度衍生网络图

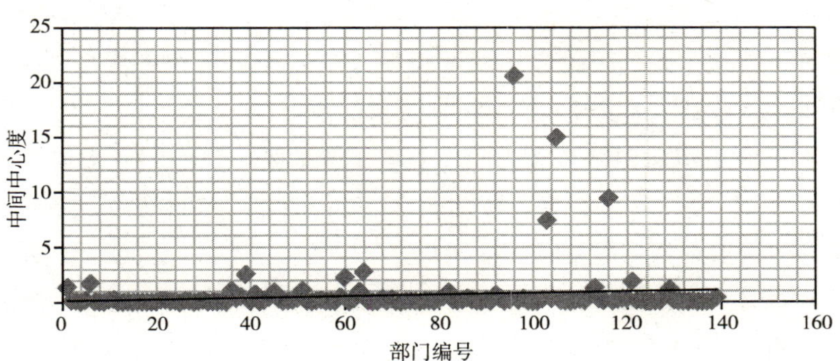

图 5-8 河北省中间中心度分布

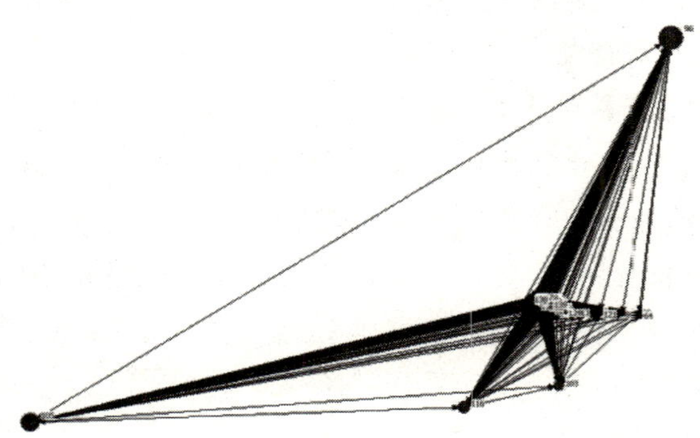

图 5-9 河北省部门中间中心度衍生网络图

对京津冀产业网络节点中心度数据进行对比分析，实证结果为：

（1）度数中心度、中间中心度、接近中心度三种中心度的排序差别不大，所得数据相对一致，基本能够反映产业部门在产业结构中的地位和作用。

（2）北京、天津、河北三地产业网络部门的中间中心度分布情况不尽相同，北京的度值差距较小，最大度值不到 14，且度值在 2 以上的部门有 10 个，数量最多；天津跟河北的度值差距更大，最大值更高，高度值的部门较少。这方面数据反映了北京市的产业结构更均衡，天津河北。

（3）北京市和天津市产业网络节点中间中心度排前六位的部门当中，服务业部门有 4 个、公共事业部门 1 个、工业制造业部门 1 个，河北省情况则是服务业部门 3 个，工业制造业 2 个公共事业 1 个。

三地产业网络节点中间中心度度值排名前六的产业部门都包含了“批发和零售”、“道路运输”、“电力、热力生产和供应”以及“货币金融和其他金融服务”这四个部门，这说明在三地产业结构中，这四个部门的地位和控制力是相对一致的，是产业结构的共同之处。

（4）天津市产业网络节点中间中心度度值排第一位的“批发和零售”部门的度值为 21.93，远高于第二位的 9.73，处于绝对控制地位，可见该部门对天津市的产业结构的重要程度。

（5）河北省产业网络节点中间中心度度值排第一位的“电力、热力生产和供应”部门的度值为 20.57，也高于第二位的“道路运输”部门度值 14.91 较多，因此该公用事业单位的控制力非常强。而该部门的高能耗、高污染特点也间接反映了河北省产业发展的高能耗、高污染特征。

（6）北京市产业网络节点中间中心度排名前两位的“批发和零售”“道路运输”部门的度值是基本相等的，他们的控制能力在各部门中是最强的。“批发和零售”部门属于劳动力密集型的低端服务业，“道路运输”属于高能耗、高污染的中低端服务业，且这两个部门的上游部门多属于资源消耗更高、污染更严重的部门，因此这两个部门的情况说明北京市虽然是以服务业为主的产业结构，但是控制力最强的服务业相对低端，不符合北京市的产业发展定位。

2）部门连接线的中间中心度分析

连接线的中间中心度是一条线出现在一条捷径上的次数，该指标是测量一条线对信息的控制程度的，是衡量两个部门间的联系在整个产业网络中的控制作用的大小，度值越大，说明该部门与部门间的联系越重要，越能控制其他点之间的联系。

京津冀部门连接线中心度计算实证情况如下：

（1）三个产业网络所计算得出的连接线中间中心度，近似服从幂律分布。三个网络中连接线的中间中心度排名前6的部门对如表5-5所示。

表5-5　　线的中间中心度排名前六的“部门对”

北京市		天津市		河北省	
部门—部门	度值	部门—部门	度值	部门—部门	度值
麻、丝绢纺织及加工品—纺织服装服饰	138	烟草制品—批发和零售	94.19	电力、热力生产和供应—文化艺术	113.37
针织或钩针编织及其制品—纺织服装服饰	138	燃气生产和供应—批发和零售	84.33	谷物磨制品—电力、热力生产和供应	81.02
批发和零售—烟草制品	103.34	批发和零售—卫生	74.58	烟草制品—批发和零售	78.59
炼焦产品—钢、铁及其铸件	81.65	通信设备—批发和零售	70.14	广播电视设备和雷达及配套设备—电力、热力生产和供应	76.91
纺织服装服饰—批发和零售	80.77	视听设备—批发和零售	63.40	电力、热力生产和供应—体育	72.12
纺织服装服饰—道路运输	78.87	水产加工品—批发和零售	63.04	电子元器件—电力、热力生产和供应	64.92

（2）从表5-5的“部门对”情况分析，发现部门连接线的中间中心度度值较高的部门对一般与部门的中间中心度度值呈正相关，或者是间接相关。

（3）天津市控制力较高的部门对全部包含了“批发和零售”部门，该部门的点中间中心度度值在天津市产业网络中是最高的（21.93），且这一度值远高于处于第二位的电力、热力生产和供应（9.73）。所以与批发和零售相连接的部门连线就成为天津市产业网络中控制能力最强的连接线，影响着其他部门间的联系。

（4）河北省控制力排前六的部门对除了“烟草制品—批发和零售”外，其他全部与部门“电力、热力生产和供应”相关，同样是因为该部门的节点中间中心度度值在河北省产业网络中是最高的（20.57），远高于第二位14.91的度值。因此与电力、热力生产和供应相连接的部门连接线就成为河北省产业网络中控制能力最强的连接线，强烈影响着其他部门间的联系。

（5）北京市的控制力情况与天津市和河北省的情况稍有不同，因为北京市排名前六位的部门节点中间中心度度值相差不大，因此未出现与中间中心度值最高的部门相连接的连接线成为线中间中心度最高的情况。北京市产业网络中最有控制力的连线最多出现在与“纺织服装服饰”部门相连接的连接线，“纺织服装服饰”部门的节点中间中心度度值2.92，排名第九位，其与上游的“麻、丝绢纺织及加工品”和“针织或钩针编织及其制品”部门间的连接线控制力最强，同时与下游的“批发和零售”“道路运输”两个部门间的连接线控制力也很强，这四个部门的节点中间中心度度值分别为：0/0/13.51/13.51，分属节点中间中心度的最小值和最大值。

3）图的中间中心势分析

从宏观角度看，一个图也具有一定的中心性质。为了与点的中心度相区别，称图的中心性质为“中心势”。该项指标描述了图的凝聚力在多大程度上是围绕某个或某些中心而组织起来的。计算中心势的想法也比较直观：找出图中的最核心点，计算该点的中心度与其他点的中心度之差。也就是定量讨论图中各点中心度分布的不均衡性。差值越大，则图中各点中心度分布得越不均衡，则表明该图的中心势越大——该网络很可能是围绕最核心点发散展开的。完备图的中心势为0（每个点都有相互联系，无所谓中心不中心），星形或辐射型的网络的中心势接近1。

因此产业网络图的中间中心势主要是考察产业结构的均衡性。

图的中间中心势可以用公式（5－3）表达为

$$C_B = \frac{\sum_{i=1}^{n}(C_{RB_{\max}} - C_{RBi})}{n-1} \tag{5-3}$$

京津冀产业网络的标准化中间中心势的计算结果分别为：北京是0.1292、天津是0.2145、河北是0.2007，这三个中心度度值处于较小的情况，可以反映出产业网络属于较为均衡的网络，也说明三个相对独立的经济体中一个特定的经济部门在一系列经济力量的相互制约下所达到的一种相对静止并保持不变的状态。正是这种相对均衡的状态使地方经济能够稳步发展，避免出现较大波动。

结合中间中心势的计算值和节点中间中心度分布情况可知，北京市的产业结构相对更具均衡性，天津市和河北省稍差。

5.3.4 小结

首先，由产业部门间的直接消耗系数构建为关系京津冀产业网络是具备关联性的，根据网络的特征途径长度和聚类系数两个参数，能够断定北京市、天津市和河北省的产业网络是符合小世界网络性质的，各产业部门间具有广泛且紧密的联系。

其次，根据计算所得的节点中心度度值和分布情况可知，度值高，控制力强的部门占比非常低，绝大多数部门控制力处于平均值以下，有一部分趋向于零。天津市控制力最强的部门是批发和零售，河北省控制力最强的部门是电力、热力生产和供应，且这两个部门具有远高于其他部门的控制力。而北京市控制力最强的部门是“批发和零售”以及“道路运输”两个部门，且其与其他排名靠前的部门间差距不大。很大程度反映了北京市产业结构的均衡性。

再次，根据部门间连接线的中间中心度情况可知，北京和河北目前的产业结构中，控制力最强的部门间关系，并不符合京津冀协同发展的区域产业发展定位，可以考虑采用摧毁或弱化高度值节点和连接线的思路进行产业结构调整。天津市的情况则需求用政策强化物流相关产业部门的控制力，提供其在产业网络中的中间中心度度值。

最后，本书欠缺对部门簇团层次的研究，簇团层次的研究能够帮助研究者了解更为详细的产业结构层次，使决策者更容易判断产业部门在产业结构中的地位和作用。

6 京津冀信息产业与其他产业关联分析

6.1 部门关联基本理论及分析方法

6.1.1 部门关联基本理论

产业关联能够全面反映部门间、产业间完全技术经济联系。

（1）产业关联的含义。

产业关联是指产业部门之间的技术经济联系，这种联系一般以各产业部门的投入品和产出品间的相互影响、感应作为体现。部门关联包括前向关联和后向关联，前向关联指某产业部门对其下游产业部门的感应，后向关联指某产业部门对其上游产业部门的影响。

（2）产业关联的方式。

产业向后关联效应：指某一产业的发展而引起其上游产业发展的作用效果；产业向前关联效应：指某一产业的发展引起其下游产业发展的作用效果；产业环向关联效应：指某一产业的发展和其他产业相互发展的作用效果。

（3）产业关联效应的意义。

美国的钱纳里和日本的渡边经彦对美国、日本、挪威、意大利四国29个产出依据具体数据将全部产业分成四类：

第一类：中间投入型基础产业；特点：前向关联大，后向关联小；

第二类：中间投入型制造产业；特点：前向关联大，后向关联大；

第三类：最终需求型制造产业；特点：前向关联小，后向关联大；

第四类：最终需求型基础产业；特点：前向关联小，后向关联小。

6.1.2 分析方法

投入产出即消耗和分配，投入指下游产业部门对上游产业部门的消耗，包括原材料、资金和管理者才能等；产出指上游产业部门的中间产品向下游产业部门的分配情况。对产业之间投入产出进行量化分析的方法是投入产出法，里昂惕夫（Wassily W. Leintief）创立的投入产出法很好地揭示了产业间技术经济联系的量化比例关系，它是经济学和数学相结合的产物。

因此，投入产出法是产业关联分析的基本方法。投入产出法的实现需要依靠投入产出表和投入产出模型。

1）基本工具——投入产出表

投入产出表是1973年诺贝尔经济学奖得主里昂锡夫主持下创造的，它从一般均衡的假定出发，把国民经济各部门之间的平衡关系，构建成矩阵形式的平衡表（里昂锡夫逆矩阵）。投入产出表是根据国民经济各部门之间的平衡关系编制的，这些平衡关系主要包括：各产业总产出 = 该产业中间需求 + 该产业最终需求；各产业总投入 = 该产业中间投入 + 该产业毛附加价值；各产业总产出 = 各产业的总投入；各产业的中间需求合计 = 各产业中间投入合计；各产业的最终需求合计 = 各产业的毛附加价值合计。

投入产出表由各地统计局统一编制，由于编制工作十分复杂，投入产出表五年才编制一次。最接近的一次是2015年编制公布的2012年投入产出表，因此，本书的研究数据选用了由北京市、天津市、河北省三省市统计局提供的2012年投入产出流量表。

投入产出表反映国民或区域经济中各产业部门的投入及其中间产品分配情况，统计时间范围一般是一年。目前，有两种投入产出表：实物型投入产出表和价值型投入产出表。实物型投入产出表是按各种产品的实物单位进行计量的，实物型投入产出表是最初研究投入产出时使用的，由于实物型投入产出表各产业部门产品单位不统一，给计算带来诸多不便，后来又在其基础上扩充为价值型投入产出表。价值型投入产出表中产业部门的各种价值全部用货币计量，由于单位统一，所以价值型投入产出表有很强的实用价值。

2）投入产出模型

（1）直接消耗系数。

直接消耗系数也称为投入系数，是投入产出模型中最基本的概念，可以记为 A_{ij}。是指某一产品部门（如j部门）在生产经营过程中单位总产出直接消耗的各产品部门（如i部门）的产品或服务的数量。其计算方法是依据投入产出表的数据，用j产品部门的总投入（X_j）去除该部门生产经营中所直

接耗的第 i 产品部门的产品或服务的数量 X_{ij}。其计算公式为

$$A_{ij}=\frac{X_{ij}}{X_j}\ (i,\ j=1,\ 2,\ \cdots,\ n)$$

由直接消耗系数 A_{ij} 构成的 $n\times n$ 的矩阵 A，称为直接消耗系数矩阵。矩阵 A 反映了投入产出表中各产业部门间技术经济联系和产品之间的技术经济联系。直接消耗系数是建立模型的最重要、最基本的系数，是投入产出模型的核心。

直接消耗系数的计算方法为：用第 j 产品（或产业）部门的总投入 X_j 去除该产品部门（或产业）生产经营中所直接消耗的第 i 产品部门的货物或服务的价值量 X_{ij}，用公式表示为：

直接消耗系数的取值范围在 0～1；

A_{ij} 越大，说明第 j 部门对第 i 部门的直接依赖性越强；

A_{ij} 越小，说明第 j 部门对第 i 部门的直接依赖性越弱；

$A_{ij}=0$ 则说明第 j 部门对第 i 部门没有直接的依赖关系。

直接消耗系数体现了列昂惕夫模型中生产结构的基本特征，是计算完全消耗系数的基础。它充分揭示了国民经济各部门之间的技术经济联系，即部门之间相互依存和相互制约关系的强弱，并为构造投入产出模型提供了重要的经济参数。

（2）完全消耗系数。

完全消耗系数是全部直接消耗系数和全部间接消耗系数之和。完全消耗系数揭示了部门之间的直接和间接的联系，它更全面更深刻地反映部门之间相互依存的数量关系。在国民经济各部门之间，各种产品在生产过程中除有直接的生产联系外，还有间接联系，这使得各种产品间的相互消耗除了直接消耗外，还有间接消耗。完全消耗系数则是这种直接消耗和间接消耗的全面反映。以炼钢消耗电力为例，生产钢需要直接消耗电力，还要消耗生铁、耐火材料等，而在生产生铁、耐火材料和其他所消耗的产品时又要消耗电力。这就是钢对电的第一次间接消耗。由于所有供消耗的产品都有可能消耗电力，以此类推，还有第二次、第三次以至无穷次的间接消耗。于是，钢对电力的直接消耗和无数次间接消耗之和，就构成了钢对电的完全消耗。

将各产品部门的完全消耗系数用表的形式表现出来，就是完全消耗系数表或完全消耗系数矩阵，通常用字母 B 表示。

完全消耗系数矩阵可以在直接消耗系数矩阵的基础上计算得到的，利用直接消耗系数矩阵计算完全消耗系数矩阵的公式为

$$B = (I-A)^{-1} - I$$

式中，A 为直接消耗系数矩阵，I 为单位矩阵，B 为完全消耗系数矩阵。含义就是里昂锡夫矩阵（$I-A$）的逆矩阵减去单位阵 I。

完全消耗系数不仅反映了国民经济各部门之间直接的技术经济联系，还反映了国民经济各部门之间间接的技术经济联系，并通过线性关系，将国民经济各部门的总产出与最终使用联系在一起。

6.2 投入产出表的特点及分析框架

投入产出表是一张全面反映一个经济体中各生产部门或产品的投入与产出关系的平衡表。下面以最常用的价值型投入产出表为例，说明投入产出表的结构和特点。投入产出表由三个象限构成。第Ⅰ象限是投入产出表的核心，主要反映国民经济中各部门之间相互依存、相互制约的技术经济联系；第Ⅱ象限，又称最终使用象限，反映国民经济生产成果的使用去向；第Ⅲ象限，又称增加值象限，主要反映国民经济中各部门增加值分配或最初投入的构成情况。若把上述三个象限综合起来考察，可以清楚地看出，投入产出表事实上是由两张大表构成，即把第Ⅰ、Ⅱ象限连接在一起，形成一个横表，反映各部门的产品分配和使用去向；把第Ⅰ、Ⅲ象限连接在一起，形成一个纵表，反映各部门在生产中的投入和来源，也反映生产过程的价值形成。

投入产出表有以下几个基本的重要平衡关系，这些平衡关系是投入产出分析的基础。从横向看：

$$AX + Y = X \quad X = (I - A)^{-1}Y$$

其中，X 为产出列向量，Y 为最终使用列向量，I 为单位矩阵，A 为直接

消耗系数矩阵。上述公式说明中间产品与最终产品之和等于总产出。需要指出的是，直接消耗系数矩阵是投入产出表的核心，也是投入产出分析的基础。影响它的主要因素有生产技术水平、管理水平和部门结构变化等。

从纵向看：

$$FX + D + V + T + M = X$$

其中，F 为 A 矩阵的列和对角矩阵，D 为固定资产折旧列向量，V 为劳动者报酬列向量，T 为生产税净额列向量，M 为营业盈余列向量。上述公式的实质是中间投入与最初投入之和等于总投入。若定义 $N = D + V + T + M$，则上式可变为

$$X = (I - F)^{-1}N$$

每个部门的总投入 = 该部门的总产出；第Ⅱ象限的总量 = 第Ⅲ象限的总量，这是投入产出表的总平衡式。但应指出的是，每个部门的最初投入不一定等于该部门的最终产品合计。

由于投入产出表集生产、分配、交换、消费于一身，充分描述了经济运行中的多种联系，特别是揭示了国民经济各部门、各产品之间的技术经济联系，因此，投入产出表具有广泛的应用领域。

6.3 部门关联分析

部门关联是指国民经济各部门在社会再生产过程中所形成的直接和间接的相互依存、相互制约的经济联系。

1）向前和向后关联

一般来说，部门间的关联有如下两种形式，即向后关联和向前关联。某部门 j 的中间投入占其总投入的比率

$$K_{B_j} = U_j/X_j = \sum^{i} x_{ij}/X_j = \sum_{i} a_{ij}$$

称为向后关联，这里 x_{ij} 表示生产商品 j 需要消耗商品 i 的数量，U_j 表示中间投入，X_j 表示 j 部门的总产出，a_{ij} 表示直接投入系数。某部门 i 的中间需求

（或使用）占其总需求或总使用（中间使用加最终使用）的比率

$$K_{F_I} = W_i/Z_i = \sum_j x_{ij}/Z_i = \sum_j h_{ij}$$

称为向前关联，这里 W_i 表示 i 产业的中间需求，Z_i 表示 i 部门的总需求，$h_{ij} = x_{ij}/Z_i$ 表示直接分配系数。一般来说，当某产业部门的 K_{B_j} 和 K_{F_j} 都很高时，表示该部门对其他部门相互关联的程度很高，只要保持该部门的较高增长率，则其对其他部门必然产生较大的关联带动。反之，如果某部门的 K_{B_j} 和 K_{F_j} 都很低时，则表示它与其他部门没有多大的关联。应当指出的是，当某部门的向后和向前关联度都比较低时，并不意味着它对经济增长的贡献度就一定低。

向后关联和向前关联仍然只反映了部门间的相互联系的一部分，确切地说只反映了直接效应。对向后关联而言，它表示由 i 部门生产的中间投入对 j 部门的总产出的贡献；对向前关联而言，它表示 i 部门的产出对部门 j 的产出的贡献。但是还存在着间接效应，例如 j 部门产出的增加不仅要求为 j 部门提供中间投入的 i 部门的产出的增加，而且还要求增加为 i 部门提供中间投入的部门的产出。我们定义总关联效应为最终需求增加引起的直接效应和间接效应之和。

$$K'_{B_j} = \sum_i b_{ij} = b_j$$

$$K'_{F_i} = \sum_j e_{ij} = e_i$$

这里 b_{ij} 为列昂惕夫逆矩阵 $(I-A)^{-1}$ 的元素，b_j 为其第 j 列元素之和，e_{ij} 为 $(I-H)^{-1}$ 的元素，这里 $H = (h_{ij})_{n\times n}$ 为直接分配系数矩阵，其中 $h_{ij} = x_{ij}/Z_i$，为 e_i 其第 i 行元素之和。K'_{B_j} 表示后向总关联效应，K'_{F_i} 表示前向总关联效应。

2）影响力和感应度

在前向关联和后向关联的基础上，拉斯姆森（Rasmussen）定义了一个称之为影响力的向后关联指数（$K^*_{B_j}$）：

$$K^*_{B_j} = \frac{b_j}{n} \Big/ \frac{\sum_j b_j}{n^2}$$

并且他还定义了一个称为感应度的向前关联指数（$K^*_{F_i}$）：

$$K_{F_i}^* = \frac{b_i}{n} \Big/ \frac{\sum_i b_i}{n^2}$$

因为平均值 b_j/n 表示 j 部门的最终需求增加一个单位需要的投入量，因此当 $K_{B_j}^* > 1$ 时，则表示该部门的生产对其他部门所产生的波及影响程度超过全社会的平均影响水平（即各部门所产生的波及影响的平均值）；当 $K_{B_j}^* = 1$ 时，则表示该部门的生产对其他部门所产生的波及影响程度等于全社会的平均影响水平；当 $K_{B_j}^* < 1$ 时，则表示该部门的生产对其他部门所产生的波及影响程度低于全社会的平均影响水平。显然，影响力系数越大，第 j 部门对其他部门的拉动作用越大。同理，当感应度系数 $K_{F_i}^* > 1$ 时，则表示第 i 部门所受到的感应程度高于全社会平均感应水平（即各部门所受到的感应程度的平均值）；当 $K_{F_i}^* = 1$ 时，则表示该部门所受到的感应程度等于全社会平均感应水平；当 $K_{F_i}^* < 1$ 时，则表示该部门所受到的感应程度低于全社会平均感应水平。

直接消耗系数表示各部门产品之间的相互关系，用它来反映向后关联是很合适的，而向前关联反映产品的使用和分配，用直接消耗系数计算就不妥，这是因为 $(I-A)^{-1}$矩阵的同行元素求和在经济意义上比较勉强。众所周知，$(I-A)^{-1}$的元素是按列向总投入为参照值计算出的，求和之后的总和作为各部门最终产品都增加一个单位对 i 部门的产品需求量，而各部门的最终产品不可能按同样的数量增加，这同直接消耗系数矩阵 A 同行元素求和一样，是不尽合理的。因此，建议采出用直接分配系数矩阵来计算向前关联（或感应度）：

$$K_{F_i} = \frac{e_i}{n} \Big/ \frac{\sum_i e_i}{n^2}$$

这里 e_{ij}为 $(I-H)^{-1}$的元素，e_i 为其第 i 行元素之和，$H = (h_{ij})_{n \times n}$为直接分配系数矩阵，其中 $h_{ij} = x_{ij}/Z_i$。

以上是针对一个封闭经济体系的。对于一个开放的经济体系，j 部门的关联（直接和间接）指数可定义为

$$K_{B_j}^e = \sum_i \in_{ij} = \in_j$$

$$K_{F_i}^e = \sum_j \in'_{ij} = \in_i$$

这里$\in_{ij}$为$[I-(a_{ij}-m_{ij})]^{-1}$的元素，$\in_{ij}$为$[I-(h_{ij}-m_{ij})]^{-1}$的元素，其中m_{ij}为表示j部门的单位总投入需要i部门投入的进口量。

3）部门间的总体关联

从需求角度看，可以用总体关联度和国内关联度来反映产品部门之间的总体联系状况。总体关联度与国内关联度是指在一定经济结构下，生产一单位最终需求所需要的中间产品数量，前者包括来自国内生产与进口的所有中间投入，而后者仅包括来自国内生产的中间投入。若用公式表示，则有

$$L_{总体关联} = \sum_i \sum_j b_{ij} f_j - 1$$

$$L_{国内关联} = \sum_i \sum_j b_{ij}^d f_j - 1$$

式中，b_{ij}为$(I-A)^{-1}$中的元素，b_{ij}^d为$(I-A^d)^{-1}$中的元素（A^d为未包括进口在内的直接消耗系数矩阵），f_j为最终需求结构向量中的元素。例如，由1997年投入产出表知，我国的产业总体关联度和国内关联度分别为1.68和1.33，而1992年两者分别为1.59和1.30。

6.4 基于投入产出法的京津冀产业发展研究

对投入产出系数结构分析可以反映经济结构的情况，结构分析主要包括影响力系数和感应度系数两个常用系数，能够借助这两个系数反映部门间的关联，即国民经济各部门在社会再生产过程中所形成的直接和间接的相互依存、相互制约的经济联系。通常，部门间的关联有两种形式，即向后关联和向前关联。在此基础上，拉斯姆森（Rasmussen）定义了一个向后关联指数——影响力和一个向前关联指数——感应度。另外刘起运教授又提出了改进影响力系数和推动诱发系数的概念。影响力系数表示一个部门的生产对其他部门所产生的波及影响程度，影响力系数越大，表示该部门对其他部门的拉动作用越大。同样，感应度系数或推动诱发系数则表示某部门所受到的感

应程度和推动力。

对京津冀投入产出相关系数的分析，能够帮助了解京津冀地区产业部门对地区其他部门的拉动能力和全产业对某一部门的需求程度，最终反映京津冀地区各产业间的向后和向前关联程度。通过分析其产业间关联程度以获得各产业对地区协同发展的影响程度，便于把握地区协同发展的核心影响因素，结合地区协同发展目标，给出区域产业协同发展的政策建议，以期用科学的数据分析支持合理的政策方向。

6.4.1 投入产出系数结构及计算方法

在国内，分析影响力系数和感应度系数的有关学术论著中，多采用以下计算公式：

影响力系数

$$\delta_j = \sum_i \bar{b}_{ij} / \frac{1}{n} \sum_j \sum_i \bar{b}_{ij} (j = 1,2,\cdots,n)$$

感应度系数

$$\theta_j = \sum_j \bar{b}_{ij} / \frac{1}{n} \sum_i \sum_j \bar{b}_{ij} (i = 1,2,\cdots,n)$$

其中，设 $\bar{B} = (I - A)^{-1}$，$\bar{b}_{ij}$为 $\bar{B}$ 矩阵的元素，$\bar{B}$ 矩阵是里昂锡夫逆矩阵，A 是直接消耗系数矩阵，I 表示单位矩阵。

直接消化系数矩阵的计算公式为

$$a_{ij} = x_{ij}/X_j (i,j = 1,2,\cdots,n)$$

其中，a_{ij}是组成 A 矩阵（直接消化系数矩阵）的元素，x_{ij}是投入产出表中第 j 部门在生产过程中消耗的第 i 部门产品数量的价值；X_j 是第 j 部门的总投入。

以上两种算法考虑的是等权平均算法，没有考虑各产业部门最终产品的实物构成，因此其计算出的两个系数的经济学意义不足。

因此，刘起运教授在 2002 年的《关于投入产出系数结构分析方法的研究》一文中，提出了改进影响力系数和推动诱发系数 $\tilde{\delta}_j$，这两个投入产出系数的经济学含义更具说服力。

改进影响力系数，即表现某一部门最终产品影响力与国民经济最终产品综合（平均）影响力之比，它真实反映了国民经济当年一个最终产品的平均影响力。这样的各部门最终产品的影响力系数，能够更符合当年的实际水平。其计算公式为

$$\delta_j = b_{cj} / \sum_j b_{cj} \cdot a_j (j = 1, 2, \cdots, n)$$

其中，$b_{cj} = \sum_i b_{ij}$，表示第 j 部门生产一个最终产品对国民经济各部门的完全需求量，即 j 部门对国民经济整体的拉动力，或影响力，带动能力。

a_j 为权数，权数的计算公式为

$$a_j = y_j / \overset{0}{y} = y_j / \sum_j y_j (j = 1, 2, \cdots, n)$$

其中，y_j 为第 j 部门最终产品数量；$\overset{0}{y}$ 为国民经济最终产品总量；a_j 是第 j 部门最终产品占国民经济最终产品总量的比例，即最终产品实物构成系数。

推动诱发系数 $\tilde{\delta}_j$，即国民经济一个综合单位的初始投入（不是某一部门的，是综合各部门的）对第 j 部门的完全供给量，可以看做第 j 部门的推动力。其计算公式为

$$\tilde{\delta}_j = \sum_i \bar{d}_{ij} \cdot \beta_i (j = 1, 2, \cdots, n)$$

其中，$\sum_i \bar{d}_{ij}$，为完全供给系数矩阵 $\bar{D}$ 第 j 列求和所得；

β_i 为权数，是第 i 部门初始投入占国民经济初始投入总量的比例，即初始投入的部门构成系数，其计算公式为

$$\beta_i = N_i / \overset{0}{N} = N_i / \sum_i N_i (i = 1, 2, \cdots, n)$$

公式中 N_i 为第 i 部门产品的初始投入量，$\overset{0}{N}$ 为国民经济初始投入总量。

依据计算结果，按 $\tilde{\delta}_j$ 大小进行排序表示各部门受到一个综合单位初始投入推动的大小。

下文将分别运用改进的影响力系数和推动诱发系数对 2012 年北京市、天津市和河北省的投入产出表进行比较分析。

6.4.2 京津冀三地各部门改进影响力系数比较

改进影响力系数是采用了加权平均算法，考虑各部门2012年度最终产品的实物构成，对各部门最终产品赋予不同的权重，能够表现出一个最终产品的平均影响力，由此计算的影响力系数，能够符合各部门的实际影响力水平。京津冀三地2012年各产业部门改进影响力系数计算结果及各部门位次情况如表6－1所示。

表6－1　　2012年京津冀三地各产业部门改进影响力系数表

序号	部门	北京		天津		河北	
		改进影响力	位次	改进影响力	位次	改进影响力	位次
1	农林牧渔产品和服务	2.628458	19	2.16378	15	0.256133	39
2	煤炭采选产品	2.985798	17	0.892908	28	0.409341	35
3	石油和天然气开采产品	119.7604	1	0.277565	39	2.733433	13
4	金属矿采选产品	7.405672	8	4.319266	8	0.340471	38
5	非金属矿和其他矿采选产品	3.505361	16	2.301426	14	4.998931	9
6	食品和烟草	1.254564	24	0.386877	36	0.380306	36
7	纺织品	28.49406	2	11.93399	4	0.836672	27
8	纺织服装鞋帽皮革羽绒及其制品	5.313352	10	2.489828	13	0.9737	25
9	木材加工品和家具	11.71491	7	7.510631	5	3.746404	11
10	造纸印刷和文教体育用品	3.811118	14	2.051351	16	1.590554	17
11	石油、炼焦产品和核燃料加工品	1.109909	25	0.614431	32	0.501895	32
12	化学产品	0.73178	30	0.396078	35	0.365795	37
13	非金属矿物制品	2.420778	21	3.077218	12	0.762776	28
14	金属冶炼和压延加工品	5.755549	9	0.217883	41	0.137688	41
15	金属制品	4.090156	13	1.222782	21	0.72237	29
16	通用设备	2.186288	22	1.008455	27	1.164617	21
17	专用设备	2.474204	20	1.633878	18	1.462107	18

续表

序号	部门	北京		天津		河北	
		改进影响力	位次	改进影响力	位次	改进影响力	位次
18	交通运输设备	0.443612	34	0.409861	33	0.962974	26
19	电气机械和器材	1.867846	23	1.184898	22	1.029303	24
20	通信设备、计算机和其他电子设备	0.667915	31	0.378598	37	4.62756	10
21	仪器仪表	5.264686	11	6.463553	6	23.08523	3
22	其他制造产品	20.31185	6	5.645475	7	44.39068	1
23	废品废料	28.00736	3	3.318232	10	7.277644	7
24	金属制品、机械和设备修理服务	22.82161	5	109.8924	1	5.48783	8
25	电力、热力的生产和供应	0.516266	32	1.399201	20	0.638767	30
26	燃气生产和供应	0.267592	39	0.832636	30	0.594657	31
27	水的生产和供应	5.141129	12	13.33617	3	11.11782	5
28	建筑	27.63646	4	27.20473	2	38.65738	2
29	批发和零售	0.179106	42	0.130859	42	0.128016	42
30	交通运输、仓储和邮政	0.286989	38	0.399443	34	0.49264	33
31	住宿和餐饮	0.356519	36	0.26763	40	0.244521	40
32	信息传输、软件和信息技术服务	0.814462	29	1.047104	26	1.415504	19
33	金融	0.215291	40	1.18251	23	1.65518	14
34	房地产	0.184588	41	0.359809	38	0.43578	34
35	租赁和商务服务	0.388405	35	1.055866	25	1.031541	23
36	科学研究和技术服务	0.475738	33	0.770419	31	2.821824	12
37	水利、环境和公共设施管理	0.311175	37	0.87289	29	1.356341	20
38	居民服务、修理和其他服务	3.526198	15	3.222707	11	14.45214	4
39	教育	2.763165	18	1.116071	24	1.130065	22
40	卫生和社会工作	0.997409	26	1.525371	19	1.604034	16
41	文化、体育和娱乐	0.982727	27	1.813081	17	1.645781	15
42	公共管理、社会保障和社会组织	0.922698	28	3.760552	9	7.567278	6

在表 6 - 1 中，北京市的改进影响力系数位次前十位中，有 9 项属于第二产业部门，仅有“金属制品、机械和设备修理服务”一项属于第三产业部门，且为工业服务业。9 个第二产业部门多为对资源依赖程度较高的产业，其与上游企业的关联度较高。

天津市改进影响力系数位次前十位的情况是：第二产业有 8 项，第三产业有 2 项，分别为“金属制品、机械和设备修理服务”和“公共管理、社会保障和社会组织”。其中 8 个第二产业部门分别分布于资源依赖型产业和基础民生产品部门，2 个第三产业部门分别属于工业服务业和公用事业部门。

河北省改进影响力系数排前十位的情况是：第二产业有 7 个部门，第三产业有 3 个部门，分别为“居民服务、修理和其他服务”、“公共管理、社会保障和社会组织”、“金属制品、机械和设备修理服务”。7 个第二产业部门分布于基础民生产品和生产制造部门。

6.4.3 京津冀三地各部门推动力比较

推动诱发系数，即国民经济一个综合单位的初始投入（不是某一部门的，而是综合各部门的）对第 j 部门的完全供给量。依据计算结果，按其大小排序，分别表现国民经济各个部门受到一个综合单位初始投入推动的大小。

根据刘起运先生提出的推动诱发系数计算方法，对 2012 年京津冀 42 部门投入产出表数据进行处理，得出 2012 年京津冀三地各产业部门推动诱发系数并对各部门的位次进行排序，计算结果和位次如表 6 - 2 所示。

表 6 - 2　　2012 年京津冀三地各产业部门推动力系数

序号	部门	北京		天津		河北	
		推动诱发系数	位次	推动诱发系数	位次	推动诱发系数	位次
1	农林牧渔产品和服务	0.554292	22	-0.00114	32	0.11943	5
2	煤炭采选产品	6.644866	9	0.572958	1	0.034782	16
3	石油和天然气开采产品	0.00011	38	0.113225	6	0.004877	33
4	金属矿采选产品	0.100302	30	0.014555	17	0.142909	3

续表

序号	部门	北京		天津		河北	
		推动诱发系数	位次	推动诱发系数	位次	推动诱发系数	位次
5	非金属矿和其他矿采选产品	0.224801	26	0.026047	12	0.003957	34
6	食品和烟草	4.426269	11	-0.52207	41	0.093805	8
7	纺织品	0.008814	35	0.002294	28	0.030899	17
8	纺织服装鞋帽皮革羽绒及其制品	0.132382	28	0.010477	19	0.02495	20
9	木材加工品和家具	0.048974	32	0.002657	27	0.005961	31
10	造纸印刷和文教体育用品	0.34089	24	0.008869	20	0.015566	23
11	石油、炼焦产品和核燃料加工品	1.275198	19	0.226971	4	0.052758	11
12	化学产品	7.799145	8	-0.52614	42	0.139944	4
13	非金属矿物制品	1.176461	21	0.014812	16	0.036578	14
14	金属冶炼和压延加工品	0.223169	27	-0.50304	40	1.683305	1
15	金属制品	0.410535	23	-0.06038	37	0.11711	6
16	通用设备	1.758872	17	-0.03632	36	0.045629	13
17	专用设备	1.270759	20	-7.4E-05	31	0.027143	18
18	交通运输设备	544.2387	1	0.285104	3	0.059996	9
19	电气机械和器材	1.565406	18	-0.01918	34	0.051709	12
20	通信设备、计算机和其他电子设备	-53.4041	42	0.053363	9	0.005628	32
21	仪器仪表	0.041687	33	0.003286	24	0.000963	40
22	其他制造产品	0.108976	29	0.003043	25	0.000509	42
23	废品废料	0.001664	37	0.005471	22	0.002774	36
24	金属制品、机械和设备修理服务	0.03745	34	0.000241	30	0.003916	35

续表

序号	部门	北京		天津		河北	
		推动诱发系数	位次	推动诱发系数	位次	推动诱发系数	位次
25	电力、热力的生产和供应	-5.61046	40	0.308206	2	0.05407	10
26	燃气生产和供应	0.093004	31	0.002715	26	0.001533	38
27	水的生产和供应	0.006332	36	0.001095	29	0.000563	41
28	建筑	26.02609	5	-0.21973	38	0.347441	2
29	批发和零售	71.39738	3	0.136238	5	0.03554	15
30	交通运输、仓储和邮政	113.723	2	-0.48603	39	0.11002	7
31	住宿和餐饮	2.664979	13	-0.02321	35	0.012131	24
32	信息传输、软件和信息技术服务	-44.6018	41	0.014173	18	0.009188	29
33	金融	12.3255	7	0.064505	8	0.026113	19
34	房地产	4.340547	12	0.040366	10	0.017097	21
35	租赁和商务服务	12.39341	6	0.06599	7	0.00683	30
36	科学研究和技术服务	32.58795	4	0.025844	13	0.009421	28
37	水利、环境和公共设施管理	0.23592	25	0.008352	21	0.001099	39
38	居民服务、修理和其他服务	-0.07865	39	0.020975	14	0.011678	25
39	教育	2.645083	14	0.028402	11	0.009837	26
40	卫生和社会工作	2.400315	16	-0.0107	33	0.009727	27
41	文化、体育和娱乐	2.629013	15	0.004181	23	0.001762	37
42	公共管理、社会保障和社会组织	5.672997	10	0.017828	15	0.016778	22

通过表6-2数据对比发现，京津冀三地在部门推动力方面有较大不同，北京推动力前十位中，有6个第三产业部门，4个第二产业部门，且多为技术水平高、高附加值的部门，比如第三产业所属金融业、科学研究和技术服

务、公共管理、社会保障和社会组织、租赁和商业服务业以及公共、文化、卫生服务部门，第二产业所属交通运输设备、化学产品、煤炭采选产品。也存在交通运输、仓储和邮政、批发和零售以及建筑业等劳动力密集型的产业。

天津市推动力前十位中，第三产业共有 4 个部门，其余 6 个均为第二产业。第三产业中，批发和零售贸易业属于劳动密集型服务业，其附加值较低。还有金融业、租赁和商务服务业、房地产业；第二产业中，既有基础工业，也有高技术含量制造业。

河北省推动力前十位中，第三产业仅有交通运输及仓储业和农林牧渔产品和服务业 1.5 个部门，第二产业有 7.5 个部门，农业的诱发推动力居第五位。

以上数据对比可以反映如下事实：

第一，北京市国民经济一个综合单位的初始投入（不是某一部门的，是综合各部门的）对第三产业的推动作用更明显，且更多的是推动高技术水平和高附加值的产业发展，当然也包括了部分劳动密集型服务业。

第二，天津市国民经济一个综合单位的初始投入对第二产业的推动作用更明显，既推动了基础工业的发展，又推动了高技术含量制造业的发展，但对第三产业推动作用比较北京有所不足，并且主要推动的是劳动密集型的批发和零售贸易业，同时也推动了金融等高端服务业的发展。

第三，河北省国民经济一个综合单位的初始投入对劳动密集型产业的推动作用更大，包括农业、制造业和建筑业，对服务业的推动明显不足，主要推动的服务业也属于劳动密集型的服务业。

6.4.4 京津冀地区各部门关联分析

1）后向关联性综合分析

某部门影响力系数的高低说明该部门对国民经济拉动力的大小，推动诱发系数的高低说明国民经济综合投入对该部门推动力的大小。这两种力量的大小在同一产业部门往往是不一致的，有的部门影响力较大，推动力较小，这种现象反映的是该产业向后关联性强，向前关联性弱，该部门的发展在目前能够充分拉动上游产业的发展，但下游产业的发展与该产业发展的关联性不强，推动力较弱，这其中还要考虑产业的外向性。

在京津冀三个省市中，影响力排名前十的部门中，推动力普遍较小，具体情况如表6-3所示。其中，北京市和河北省只有属于第二产业的“建筑业”属于影响力和推动力均较高的部门，该部门与本地传统行业紧密关联，能够充分拉动上游工程提供部门的发展，其下游向外辐射较少，因此本地的综合投入，对该部门的推动作用非常明显。天津市则没有出现两项指标均排名较高的情况。

表6-3　　京津冀2010年影响力较大产业部门推动力情况

部门	修正影响力	位次	推动诱发系数	位次
		北京市数据		
石油和天然气开采产品	119.7604	1	0.00011	38
纺织品	28.49406	2	0.008814	35
废品废料	28.00736	3	0.001664	37
建筑	27.63646	4	26.02609	5
金属制品、机械和设备修理服务	22.82161	5	0.03745	34
其他制造产品	20.31185	6	0.108976	29
木材加工品和家具	11.71491	7	0.048974	32
金属矿采选产品	7.405672	8	0.100302	30
金属冶炼和压延加工品	5.755549	9	0.223169	27
纺织服装鞋帽皮革羽绒及其制品	5.313352	10	0.132382	28
		天津市数据		
金属制品、机械和设备修理服务	109.8924	1	0.000241	30
建筑	27.20473	2	-0.21973	38
水的生产和供应	13.33617	3	0.001095	29
纺织品	11.93399	4	0.002294	28
木材加工品和家具	7.510631	5	0.002657	27
仪器仪表	6.463553	6	0.003286	24
其他制造产品	5.645475	7	0.003043	25
金属矿采选产品	4.319266	8	0.014555	17
公共管理、社会保障和社会组织	3.760552	9	0.017828	15
废品废料	3.318232	10	0.005471	22

续表

部门	修正影响力	位次	推动诱发系数	位次
河北省数据				
其他制造产品	44.39068	1	0.000509	42
建筑	38.65738	2	0.347441	2
仪器仪表	23.08523	3	0.000963	40
居民服务、修理和其他服务	14.45214	4	0.011678	25
水的生产和供应	11.11782	5	0.000563	41
公共管理、社会保障和社会组织	7.567278	6	0.016778	22
废品废料	7.277644	7	0.002774	36
金属制品、机械和设备修理服务	5.48783	8	0.003916	35
非金属矿和其他矿采选产品	4.998931	9	0.003957	34
通信设备、计算机和其他电子设备	4.62756	10	0.005628	32

2）前向关联性综合分析

与前文分析的情况相对的是，有些部门影响力较小，推动力较大，这种现象反映的是该产业向前关联性强，向后关联性弱，该部门的发展在目前能够获得国民经济投入的充分推动，但上游产业的发展与该产业发展的关联性不强，该产业对上游产业的拉动能力较弱。

北京市推动诱发系数排名前十的部门影响力系数都较低，其中有6个第三产业部门，剩余4个第二产业部门中以高端制造业为主，具体如表6-4所示。这说明北京市第三产业和高端制造业发展较为成熟，容易受到国民投入的推动，但这些部门对国民经济发展的拉动能力不足。

表6-4　　北京市2010年推动力较大部门影响力情况

地区	部门	修正影响力	位次	推动诱发系数	位次
北京市	交通运输设备	0.443612	34	544.2387	1
	交通运输、仓储和邮政	0.286989	38	113.723	2
	批发和零售	0.179106	42	71.39738	3
	科学研究和技术服务	0.475738	33	32.58795	4

续表

地区	部门	修正影响力	位次	推动诱发系数	位次
北京市	建筑	27.63646	4	26.02609	5
	租赁和商务服务	0.388405	35	12.39341	6
	金融	0.215291	40	12.3255	7
	化学产品	0.73178	30	7.799145	8
	煤炭采选产品	2.985798	17	6.644866	9
	公共管理、社会保障和社会组织	0.922698	28	5.672997	10
天津市	煤炭采选产品	0.892908	28	0.572958	1
	电力、热力的生产和供应	1.399201	20	0.308206	2
	交通运输设备	0.409861	33	0.285104	3
	石油、炼焦产品和核燃料加工品	0.614431	32	0.226971	4
	批发和零售	0.130859	42	0.136238	5
	石油和天然气开采产品	0.277565	39	0.113225	6
	租赁和商务服务	1.055866	25	0.06599	7
	金融	1.18251	23	0.064505	8
	通信设备、计算机和其他电子设备	0.378598	37	0.053363	9
	房地产	0.359809	38	0.040366	10
河北省	金属冶炼和压延加工品	0.137688	41	1.683305	1
	建筑	38.65738	2	0.347441	2
	金属矿采选产品	0.340471	38	0.142909	3
	化学产品	0.365795	37	0.139944	4
	农林牧渔产品和服务	0.256133	39	0.11943	5
	金属制品	0.72237	29	0.11711	6
	交通运输、仓储和邮政	0.49264	33	0.11002	7
	食品和烟草	0.380306	36	0.093805	8
	交通运输设备	0.962974	26	0.059996	9
	电力、热力的生产和供应	0.638767	30	0.05407	10

天津市推动诱发系数排名前十的部门中，除建筑业外，其他9个部门影响力系数都较低，其中有6个第二产业部门，剩余4个为第三产业部门，其

中“批发和零售贸易业”也属于劳动密集型服务业，具体如表 6－4 所示。这说明天津市中高端第二产业和中低端服务业发展较为成熟，容易受到国民投入的推动，但这些部门对国民经济发展的拉动能力不足。

河北省跟天津相似，推动诱发系数前十名中，除建筑业外，其他 9 个部门影响力系数都较低，其中 1 个第三产业部门，1 个农业，剩余 7 个第二产业部门中，以低附加值的低端制造业为主，高端制造业部门较少。说明河北省低附加值的产业成熟度较高，容易被国民经济综合投入所推动，但这些产业对其他产业的影响力有限。

3）京津冀地区综合分析

京津冀三省市有共性的部门情况可如表 6－5 所示，这些部门或者影响力系数同时较高，或者推动诱发系数同时较高。

影响力方面同时较高的 7 个产业部门中，6 个属于涉及地区社会民生的基础行业，只有“金属制品、机械和设备修理服务”属于第三产业，该部门经济体量较小，但对上游行业部门的发展影响力较大。

推动力均较高的部门只有 3 个，2 个第三产业部门，1 个第二产业部门，分别为“交通运输设备”、“批发和零售”及“金融”，其中，金融属于附加值较高的高端服务业，交通运输设备属于技术含量较高的高端制造业，批发和零售属于劳动密集型服务业。说明京津冀三地具备共同的发展条件较成熟的高科技行业、高端服务业和中低端服务业，这些部门受到的国民经济投入推动力较大，与下游产业部门的关联度较高。

表 6－5　京津冀改进影响力系数和推动诱发系数相对同步的部门

部门	北京		天津		河北	
	改进影响力	位次	改进影响力	位次	改进影响力	位次
木材加工品和家具	11.71491	7	7.510631	5	3.746404	11
仪器仪表	5.264686	11	6.463553	6	23.08523	3
其他制造产品	20.31185	6	5.645475	7	44.39068	1
废品废料	28.00736	3	3.318232	10	7.277644	7
金属制品、机械和设备修理服务	22.82161	5	109.8924	1	5.48783	8
水的生产和供应	5.141129	12	13.33617	3	11.11782	5
建筑	27.63646	4	27.20473	2	38.65738	2

续表

部门	北京		天津		河北	
	改进影响力	位次	改进影响力	位次	改进影响力	位次
推动诱发系数均较高的部门						
	推动诱发系数	位次	推动诱发系数	位次	推动诱发系数	位次
交通运输设备	544. 2387	1	0. 285104	3	0. 059996	9
批发和零售	71. 39738	3	0. 136238	5	0. 03554	15
金融	12. 3255	7	0. 064505	8	0. 026113	19

4）结论与建议

通过以上数据对比和分析，可以得出以下三方面结论。

首先，京津冀地区产业部门间存在的关联程度有较大区别，北京市和天津市与其他部门关联度高、成熟度较高的产业部门以高附加值的第三产业和高科技含量的第二产业部门为主，也包括部分中低端服务业；河北省则是以中低端制造业、农业和高耗能的服务业为主。

其次，京津冀地区产业部门对其他产业的拉动力方面差别也较大。北京影响力排名靠前的部门多属于高能耗、高污染、低附加值的产业，这些产业不符合北京总体发展定位；天津是劳动密集型第二产业和高附加值第三产业影响力较高，这些产业的拉动力较强，但感受到的推动力不足，产业成熟度较低；河北省是技术含量高、知识密集型第二产业和高附加值第三产业的影响力较高，这些产业的推动诱发系数较低，产业发展相对滞后。

最后，京津冀地区三省市均发展较成熟，且符合三地共同发展战略的行业部门是存在的，具备产业转移的基础，产业转移应该依据产业成熟度、影响力和推动力等因素进行实际操作。

根据以上结论，对京津冀区域经济协同发展整体战略中产业协同发展，可以给出如下建议。

第一，京津冀在三省市均具备成熟度高且附加价值高的“批发和零售”、“金融业”、“交通运输设备制造业”三个产业部门，要进行大胆的产业转移，使相关企业在相对成熟的产业环境中合理布局。

第二，对现有推动诱发系数较高的成熟产业采用维持政策，对符合产业升级方向的影响力系数较高、推动诱发系数较低的产业采用扶持政策，对不符合产业升级方向且推动诱发系数较低的产业采用限制政策。

7 互联网对区域经济协同发展的影响

经济协同发展的影响因素众多，既有诸如政策、资本等对经济协同发展有快速影响的因素，也有机制、基础设施等缓慢变化的影响因素。传统经济协同发展的影响因素还包括：建立协调机制和明确顶层设计是推动发展的首要因素，基础设施互联互通，产业对接互补、生态环境共建共保和公共服务均等化等。

随着互联网时代的到来，发展的影响因素也会有所不同。

7.1 网络经济时代

随着国际互联网商务应用的不断发展，计算机信息网络在人们的经济生活中发挥着越来越重要的作用。人们迅速将注意力投向了互联网这一新兴领域，“网络”逐渐成为互联网的代名词，“网络经济”这一提法也逐渐被限定在了与计算机信息网络特别是互联网相关的经济问题的研究上。

对于“网络经济”的确切内涵学者们却各执己见，尚未形成统一的认识。最初，“网络经济”被用于阐述与计算机网络建设相关的经济问题，具体包括计算机网络的成本核算、收费标准等问题。而后，随着以互联网为核心的网络产业群的兴起，“网络经济”又被引入到网络产业群的研究中，涉及与计算机网络相关的软硬件开发和制造行业、承担网络基础设施的建设行业、网络基础设施的运营行业等众多行业部门。从实质上说，此种含义上的“网络经济”就是指直接从互联网或与互联网相关的产品和服务中获取收入的企业所构成的经济。在对此类“网络经济”进行研究时，国外学者习惯于使用“网络经济学”（the economics of networks）、“通信经济学”（the telecommunication economics）、“互联网经济学”（internet economics）、“信息基础结构经济学”（the economics of information infrastructure）等不同的名称，但所研究的问题却大致相同。

随着电子商务的兴起，有些学者主张，“网络经济”是基于互联网所进行的资源分配、生产和消费的经济形式，是经济活动的网络化。其基础条件是互联网，核心是电子商务。“网络经济”的发展是信息技术快速发展的结果，它使世界经济在互联网上以数字形式发生联系，因此又可称为“数字经济”。

国家信息中心的秦海（2001）研究员在谈到“新经济”时曾指出，“新经济”经常与“信息经济”、“知识经济”、“网络经济”、“数字经济”、“因特网经济”等名称混用，说法虽然不一，但实际上是大同小异，所描述的都是经济运行形态发生的新变化。其实质是想告诉人们：信息的生产、交换和消费将成为人类社会经济活动的重要方式。还有一些学者认为，“网络经济”是指后工业社会信息价值取代工业价值在经济增长中居于主导地位的经济活动，或者说是知识经济时代以 IT 为核心的新经济价值体系。它与工业时代以货币为核心的价值体系形成鲜明对照，它是“知识经济”或“新经济”的一个层面或表象。

国家信息中心的乌家培研究员（2001）对网络经济给予了较好的总结。乌家培研究员指出，“网络经济”或“网络经济学”就其内容而言实际上是互联网经济或互联网经济学，与信息经济或信息经济学有密切关系。这种关系是特殊与一般、局部与整体的关系。网络经济就是通过网络进行的经济活动，是经济网络化的必然结果。乌家培研究员进一步认为，“网络经济”可以从不同的层面来认识。从经济形态这一最高层面看，网络经济就是有别于游牧经济、农业经济、工业经济的信息经济或知识经济，由于所说的网络是数字网络，所以它又是“数字经济”。在这种经济形态中，信息网络尤其是智能化信息网络将成为极其重要的生产工具，是一种全新的生产力。

从产业发展的中观层面看，“网络经济”就是与电子商务紧密相连的网络产业。既包括网络贸易、网络银行、网络企业以及其他商务性的网络活动，又包括网络基础设施、网络设备和产品以及各种网络服务的建设、生产和提供等经济活动。也即信息产业界人士宣扬的互联网经济。它可细分为互联网的基础层、应用层、服务层和商务层。

从企业营销、居民消费或投资的微观层面看，“网络经济”则是一个新型的网络大市场或大型的虚拟市场。它为为数众多的微观经济主体提供了一个便捷的、低成本交易场所。在其中的网络企业与传统企业不同，其收益更多地来源于信息资产即无形资产的价值和增值。乌家培研究员指出，上述三个层面其实是相互联系的。网络市场扩大了，网络产业发展了，表现为全新经济形态的网络经济也就水到渠成了。

可以看出，对“网络经济”这一概念的理解和认识是在不断拓展和深化的。

综合当前学者们对“网络经济”的理解，可以将其区分为狭义和广义两种。狭义的网络经济就是指基于因特网的经济活动，如网络企业、电子商务以及网络消费等网上经济活动。而广义的网络经济则是指以计算机信息网络为基础的、以信息技术和信息资源的应用为特征的、信息与知识起重大作用的经济活动。

如今，互联网已经渗透到人们生产和生活的方方面面，对“网络经济”的研究再也不能局限于互联网或互联网产业本身，而要更多地从经济运行和经济形态的高度来把握“网络经济”。但正如乌家培研究员所指出的那样，人们对“网络经济”微观、中观、宏观各个层面的理解其实是相通的，我们不能孤立地赞同一种观点而武断地否定其他认识，而必须从多个层面全方位理解和把握“网络经济”的实质。

网络经济就是基于网络尤其是互联网所产生的经济活动的总和。它是在信息网络化时代产生的一种崭新经济现象，表现为经济主体的生产、交换、分配、消费等经济活动，以及金融机构和政府职能部门等主体的经济行为，都越来越多地依赖信息网络，不仅要从网络上获取大量经济信息，依靠网络进行预测和决策，而且许多交易行为直接在信息网络上进行。网络经济是以信息产业为基础的经济，它以知识为核心，以网络信息为依托，采用最直接的方式拉近服务提供者与服务目标的距离。在网络经济形态下，传统经济行为的网络化趋势日益明显，网络成为企业价值链上各环节的主要媒介和实现场所。

网络经济的发展必然具有这样两个特征：第一，网络经济的诞生是网络技术发展到一定阶段的必然结果；第二，网络与经济正在更加紧密地融合，并将继续影响社会的方方面面。而建立在经济基础之上的政府上层建筑也必然为它所影响。所以网络经济不仅带给人类社会无限的发展空间和机遇，同时也将伴随着社会结构的调整和变革的整个过程。

7.2　网络经济对经济发展的影响

互联网对区域经济协同发展的影响可能包括以下几个方面：第一，网络地域结构，即区域内、区域间互联网络按照带宽要素的地域节点关系等；第二，网络产业结构，即网络产业本身的布局，包括区域内部上下游企业的布局以及区域外部相关企业的布局；第三，网络产业与传统产业结合度，即网络产业的布局与传统产业的合理布局变化趋势的吻合程度。

7.3 网络地域结构
——互联网“网络空间”区域结构与模式

20 世纪 90 年代以来，随着互联网的发展，不断有人提出“地理学的终结”“距离的消亡”等提法，对地理学的发展提出了前所未有的挑战。同时地理学者对信息发展的关注程度不断加深，衍生出了许多信息学与地理学的边缘学科，如电信地理学（tele geography）、虚拟地理学（virtual geography）、信息经济地理学（information economic geography）等。地理学者对网络本身的研究主要集中在其地理学属性上，包括空间结构、时空对比、地理极化以及与传统地理的对照上。

以上信息地理学的研究涉及区域发展、经济、规划、地理、信息、计算机、网络等许多学科的知识。

目前，随着互联网的高速发展，网络经济的发展也进入了新的阶段。然而网络经济的发展并不能完全依靠互联网而脱离传统的时空观，所以在空间上对网络结构的完善是促进网络经济进一步发展的手段，同时也是促进互联网良性发展以及提高网络提供商服务质量的必要步骤。

由此可见，促进网络经济的发展，完善网络的空间结构，对于国家或地区都非常重要。要完善网络空间结构，就要对当前的空间结构有充分的认识和研究，有了对现状的研究才能立足当前，对现有网络进行改造，降低成本提高成效，使高级信息基础设施越来越均衡分布。

但是国内外关于网络空间的研究并不能跟上形势，并且有许多研究只是停留在网络空间的表面特征论述上。没有把网络空间这一虚拟的事物与传统的地理学空间结合起来研究，不能使之现实化、社会化，也就不能使人们对它的认识更加深入，这对网络的发展和区域的发展都是不利的。本研究希望能在这方面有所突破，使研究不至于表面化。

7.3.1 网络空间相关研究的回顾与网络空间地域结构研究意义

1）网络空间概念回顾

网络空间又称赛博空间，关于网络空间的概念，最早是由科幻小说家威廉·吉布森（William Gibson）1984年在《神经漫游者》（*Neuromancer*）中创造的。吉布森是位先锋文化运动的发起者，他试图寻求一条出路——赛博空间。他认为“赛博空间是一种‘交感的幻觉’（consensualhallucination），诞生于电脑网络的密集矩阵”。在吉布森想象的世界里，“人们可以把自己的神经系统直接插入网络，使大脑和网络矩阵间的关系更加亲密。所有插入网络的人类意识、所有的数据库、所有计算机系统、所有形式相互连接的信息电路，也就是，人和非人的一切，交织在一起，创造出赛博空间”。

后来这一概念得到了很大的发展，不同领域的专家甚至同一领域的专家都有不同的解释。比如：网络空间，包含由全球已经或即将由网络连通的计算机（包括各种大、中、小及便携式电脑）的存储设备以及其上所储存的各种信息，连同连接整个网络的所有设备和线路在内的所有内容，网络空间（cyberspace）是一种概念上的隐喻。当我们打开电脑，一种不同的东西呈现在我们面前，随着鼠标的点击，我们进入一个被称作赛博空间的环境中。然而，在屏幕的后面，我们连接到一个不在这里的虚拟的地方；赛博空间是一种数以亿计的工作者日常经历的“交感的幻觉”（consensual-hallucination），是在每个国家，儿童被教育的数学概念……在人类系统中从每个电脑数据库中抽象出的数据的图表形式。不可思议的复杂性；网络信息空间（cyberspace）是一种由计算机生成的景观，即全球计算机网络的虚拟空间，通过网络连接世界上所有联网的计算机、各和信息资源和人。因此，正是计算机之间的远距离交互产生了网络信息空间。但困难的是，这种网络信息空间不像地理空间，它在形态上很难用几何图式来表现。从很大程度上讲，它应该是电脑技术与人脑意识结合的产物。萨达尔和拉韦茨（Sardar & Ravetz）认为“事实上，网络信息空间概念就是一种理解计算机网络的隐喻”；网络空间是“……存在并占据计算机之间事物的大气。”不管是一条电话线还是数百万条，它们都连接到另一个，它们共同形成了居民所说的网络。它延伸到电子王国、微波、磁场、光脉冲的无边的区域；而巴洛（Barlow）在 1991 年认为“……网络空间是网络时代的家园—未来市民停留的居所”。

保罗·维西克（Paul Vixie）2002 年提出“互联网是现代社会的一种蟑螂，它是存在的”。还包括以下观点：网络空间被用做描述整个通过电脑网络可用的信息资源；网络空间通常用于描述互联网和其提供的不同服务创造的虚拟环境，指通过电脑网络和互联网可用的各种信息资源，就像通过它们通常利用这些资源的已经发展的“团体”，以及在这种电子联系团体正在发展的文化。可能也被用于区别物质世界与数字或基于电脑的世界；目前用于描述通过电脑物理的整个可用的体验；描述电脑内部互联的世界和集聚在其周围的社会。现在赛博空间是互联网和成千上万的电脑和网络组成的网络；《国外社会科学》2002 年第 4 期网络快讯中提到：“赛博空间可能会抹去我们认为我们已经知道的有关空间的想法。‘身在此地而非彼地’的含义正在发生变化。人们可能越来越多地生活在赛博空间的‘非空间’。因此，今后任何忽视赛博空间及其对于人类空间次序的影响的地理学家都是在自冒风险”。

2）对概念演进的评述：网络空间的大趋势——与地域结构融合

总体来说，网络空间（cyberspace）可以认为是电脑网络中用于区别现实距离空间的由各种信息资源组成的世界。

网络对现代社会的影响是方方面面的，网络空间（赛博空间）对个人来说，其可拓展性、集聚性都非常明显和可能。所谓的“距离的死亡”虽然有所偏颇，但从另一个角度说明了时间的重要性，同时空间的概念得以加强，不仅有传统的地理空间概念还发展出了网络空间的概念，而网络空间的发展又使得地理学研究的范围有了空前的延伸。同时，“信息通信技术实际上增强了城市等级差异，电子空间改变了城市的发展模式和城市与相邻区域的关系，信息化将以新的原则形成新的城市等级体系，在这种新的等级体系重构过程中以集聚和分散两种空间极化过程的并存为特征”。

综上所述，可以看出当前对网络空间概念的研究，越来越重视其与现实地域空间结构相结合的论述。因为作为一种空间，单就其本身，我们无法与现实相联系，只有和现实的地域空间结合后，才能更好地对其进行深入的分析、理解。

3）关于网络空间研究内容的回顾

研究空间结构就要首先回顾国内外关于空间结构的经典理论。简单地说包括大约 11 种：区位论、空间相互作用理论、增长极理论、核心—边缘理论、依赖理论、均衡与非均衡发展理论、地域生产综合体、梯度理论、独生圈理论、区域一体化理论、景观生态理论。

以上这些经典空间结构理论模式，都从不同角度描述或解释了区域空间结构的模式或机制。

但是这些理论模式的创建大都是把经济活动或行为与地理空间紧密结合，这就限定了其思维的扩展性，这与现在信息社会的发展是不相符的。所以这些理论模式要不断得以发展，以适应社会的发展。在信息化的今天，原有空间结构的基础发展了，并有了比较大的变化，出现了一些新的特征，所以许多地理学家开始研究新的信息时代下的区域空间结构模式。

目前关于地理学与远程通信（包括计算机网络通信）的研究逐渐增多。

（1）国外网络空间研究现状。

在信息技术的作用下，传统地理意义上的时空观正在发生改变，同时以空间问题为核心内容的地理学面临着根本性的变革。西方学者早在 20 世纪 60 年代，就开始了对信息地理学（information geography）的研究，当时主要是对信息流的空间结构及其影响进行分析。90 年代以后，随着数字技术的快速发展和互联网的崛起，使得一些学者发出了“地理学的终结、距离的死亡”这样的惊叹。虽然有所偏颇，但却引起了更多的地理学家对信息技术在地理学中的影响的重视。随后出现了电信地理学（tele geography），它主要以远程通信网络为对象，研究其空间结构及其空间效应、通信政策等；虚拟地理学（virtral geography）也出现了，主要分析虚拟现实技术（virtual reality，VR）与传统地理空间的相互影响。美国哈佛大学教授诺顿的新著《新经济地理学》（*The Geography of the New Economy*）标志着经济地理学家开始系统地思索新经济条件下地理要素的地域组合及其规律。

当前的研究趋势包括：a. 网络空间结构研究；b. 网络与传统时空观点对比研究；c. 地理空间与网络空间的相互关系；d. 新空间极化现象；等等。

有的学者认为：地理学与信息结合的相关研究有两个基本方面，一是地理信息的计算机技术处理、分析和表示，相应的学科是地理信息系统乃至地球信息科学。目前研究较多，可以包括信息空间的地理可视化研究、地理信息系统与地理认知问题研究，属于自然地理学范畴。二是信息（尤其是包括互联网在内的远程通信信息和现代计算机技术支撑的逼真图像景观信息）及其传播的地理学研究，尤其是现代技术条件下的信息社会、信息空间受社会经济影响的地理学研究以及由于虚拟现实技术带来的地理学问题等，属于人文地理学范畴。这里的信息及其传播媒介环境已经成为地理学中地理环境的重要组成，而信息地理学是国际上对这一领域进行研究的专门学科，目前主要强调经济及技术方面研究，对于社会文化及人文方面的实证研究相对较为薄弱。这正是目前的主攻目标。

有的学者则认为：空间结构研究是地理学的核心主题，在信息时代这一崭新背景之下，西方学者也对信息技术作用影响下的空间结构进行了诸多的研究。本研究将其总结为如下两个大的方面。

① 偏重与技术层面相结合的研究。

这些研究主要侧重从技术层面考虑与地理学的结合和对地理学的影响。主要有以下一些方面：

第一，虚拟现实技术－可视化研究。

吉布森（Gibson，1984）认为这是一种幻觉，是由人类系统中的计算机库中所抽象出的数据的图解表达。这一解释为后来的虚拟现实技术提供了理论支持。一个类似于人类所在的宇宙。这个空间自身可能变得比物质空间更重要，它置于传统的地理空间结构内部或之间的上层。虽然这些说法都是对信息空间（Cyberspace）的解释，但都对可视化研究提供了一定的思路。尼葛洛庞蒂在其名著《数字化生存》中分析了信息空间（informationspace），他认为，数字世界的情况全然不同。信息空间完全不受三维空间的限制，要表达一个构想或一连串想法，可以通过一组多维指针（pointer），来进一步引申或辩明。

第二，信息空间的地理学描述指标研究。

研究描述信息空间分布形式的具体指标及其有效性和影响因子，包括信息来源、网络信息可进入性、信息空间的维度及信息统计方式，这是具体进一步分析信息地理空间分异的基础。只有确定了这些具体的指标以后才能更好地开展对信息空间（cyberspace）的研究和在研究中的描述。

② 偏重与社会学要素相结合的研究。

这些研究主要从社会学的角度与人文地理学相结合，研究网络空间与人文地理学要素之间关系与相互的影响。主要是经济、政治、文化、教育、团体、旅游等方面。

第一，网络空间的地域结构和空间作用研究。

目前有通信的空间结构研究、信息技术的区域扩散、有关信息高速公路中的智能传输、都市间信息流、有关信息空间的地理图示化研究、空间流及空间格局、远程通信等的作用、信息城市及经济结构重建、等方面的研究。

第二，网络空间的经济地理、文化地理、政治地理研究。

目前国际上有凯勒曼（Kellerman，1993）著的 *Telecommunications and Geography*、格拉汉姆和马尔文（Graham & Marvin，1996）所著的 *Telecommunication and the City*、卡斯特（Castells，1996）所著的 *Rise of Network society*（1998 年被基钦的 *Cyberspace* 补充）、卡斯特在 2001 年所著的 *Internet Galaxy*、格拉汉姆和马尔文（2001）所著的 *Splintering Urbanism*、城市地理学 1999 年刊的 *Exclusion and empowerment for real and virtual communities*、美国行为科学家杂志 2001 年刊发的 *Mapping globalization*，电脑网络的经济问题，电脑网络及信息经济对区域—城市经济的重建和城市在电脑空间中的作用，地理学与信息经济、从全球区位角度研究远程通信，信息经济与区域发展，国际商贸及电话的远程通信地理，信息空间与金融、国际资本市场等研究成果。但是许多研究着重于贸易或通信产业，且研究对象多为发达国家而非发展中国家。

还有网络空间的虚拟地方、信息社会与空间结构、信息技术与城市区域过程、网络空间的国界—全球信息高速公路与信息政策、信息的文化多样性、网络社会及社区、信息技术的社会和文化透视、电视作为聚会地方以及网上形象等研究成果。

从地理学研究信息空间，其中包括引入现有地理学中对现实地理环境研究的方法术语如地方感、疆域、活动空间及象征空间、空间出游行为、分布模式以及人们对空间的感知、态度及价值等进行研究，看来应是将来的重点。

第三，区位、区域创新发展研究。

随着知识和技术在生产过程中作用的不断加强，区域研究也开始普遍关注创新网络、创新环境。在战略联盟和网络的条件下，创新区域形成了创新环境的核心。这样的背景加速了空间结构的重新塑造。里斯（Rees，1980）将区域分为三种类型：创新型进口节点（innovating import nodes）、中间节点（intermediate nodes）和边缘出口节点（peripheral export nodes）。这种区域划分实际上表达了区域创新能力的空间差异。

由于网络的发展是由城市开始的，对城市的影响也较为明显和容易比较，所以地理学家和城市学家对创新的空间扩散做了实证研究。哈格斯特朗（1953）和普瑞德（Pred，1966）的种子研究支持了三阶段空间扩散的观点：①创新在一些主要城市中心采用；②创新传播到第一批中心的四周和次要的中心；③创新传播到次要中心的四周，从而扩散过程结束。这里可以把哈格斯特朗和普瑞德的创新理解为网络空间的发展，因为从现有研究发现网络空间的发展同样符合他们的三阶段空间扩散观点。

③ 偏重信息空间的组成及类型研究。

国际上有关信息空间的研究主要是从技术上进行的，如所谓电缆线上的城市等，或从带宽、信息处理方式等方面进行研究以及从可进入性（accessibility）及其测定方面来研究。有的设想以地理学方式来展示信息空间，然而从地理学角度或适合于地理学研究的综合评价描述分类的研究很难见到。信息空间的类型划分及其特征研究也很少，所以这也将是未来研究的重点所在。目前关于地理学与远程通信（包括计算机网络通信）的研究逐渐增多。

（2）国内网络空间研究发展现状。

目前国内学者对信息地理学的认识还不统一，大多属于起步阶段，研究成果不少，但研究深度不够，同时也说明重视程度已经逐渐加大。目前国内对计算机网络相关的经济、人文以及社会学问题的一系列有关专著、译著相继出现。信息时代知识经济与一些主要产业的关系也有些研究，然而从地理学角度进行研究或介绍的专著甚少。

① 经济地理学领域。

在网络空间的人文地理学要素研究方面也有不少，周翼（1999）的《网络空间的经济学思考》；蔡少华（2002）的《网络空间物流信息系统的分析与探讨》；赵晓斌等的《信息流和“不对称信息”是金融与服务中心发展的决定因素：中国案例》等都是对经济方面问题的研究。

② 城市地理学领域。

涉及计算机网络与城市发展的相关学科研究也已经出现，包括姚士谋等的《信息环境下城市群区的发展》；王颖的《信息网络革命影响下的城市——城市功能的变迁与城市结构的重构》；孙世界的《信息化城市：信息技术与城市关系初探》；李梦白的《信息社会城市功能的特征》；张楠楠和顾朝林（2002）的《从地理空间到复合式空间 ——信息网络影响下的城市空间》；年福华和姚士谋的《信息化与城市空间发展趋势》；李江和段杰（2002）的《赛博空间技术支撑及在城市地理研究中的应用》；陈果和顾朝林的《网络时代的城市空间特征及演变》以及汪明峰和宁越敏同年的《网络信息空间的城市地理学研究：综述与展望》等。

同时也出现了信息对交通空间需求的影响的研究，有刘红和真虹（2000）的《信息技术发展对城市交通客流量替代作用的定量研究》；路紫在2003 年发表了关于城市交通导引系统的研究成果等。近阶段，国内又出现了一些有关信息地理在公司企业关系等方面进展。

③ 通信地理学领域。

地理学中关于信息问题的研究，有信息产业、信息对企业组织影响、通信的空间需求以及信息时代地理空间的历史定位及空间联通性研究。

但总体上，计算机网络信息空间的地理学研究，与其他传统研究领域相比仍然显得非常薄弱，并且许多方面仍处于空白状态。同时将信息空间与现实地理空间关系进行比较，及二者相互关系较系统、多方位的人文地理学综合研究，仍有待于突破。

从以上分析可以看出，随着信息时代的到来，对信息技术作用下的空间问题研究成为新的热点。由于研究的空间及其构成要素发生了很大变化，信息时代的空间结构研究在方法与内容上都有着很大的不同。在研究的方法论上，信息技术的发展使得研究者们非常重视传统范式的改变。由于多学科的参与，研究手段也不断更新。从研究内容来看，国外主要集中于信息网络的空间影响、信息产业空间重构、区域创新网络及大都市区空间结构变化方面，对要素的空间结构研究较多，还缺乏对区域空间结构的系统研究。

4）有关网络空间研究方法的回顾

（1）研究对象的空间尺度。

在网络空间的结构研究上，其研究对象的空间尺度大致可以划分为：①全球性网络空间结构研究；②洲或洲际网络空间结构研究；③国家级网络空间结构研究；④国内区域网络空间结构研究；⑤城市网络空间结构研究。

对于全球、洲际和国家尺度的实证研究，主要集中在欧美发达国家。在测量手段上，也较多采用互联网域名或 IP 地址。如莫斯（Moss）等、朱克（Zook）等的一系列研究，分析了美国互联网域名注册地址的空间分布状况。在欧洲，则有道奇（Dodge）等对英国 IP 地址密度的空间分析，斯腾伯格（Sternberg）等对德国互联网域名的城市分布研究，以及斯坦尼克（Steineke）对挪威互联网使用的空间形式的解释等。这些文献大多侧重于有关互联网地理属性数据的城市比较，由此考察城市在城市体系中的地位变动，但他们的研究都缺乏对城市网络空间发展的理论探索。

下面图 7－1 是关于网络结构模型的示意图。

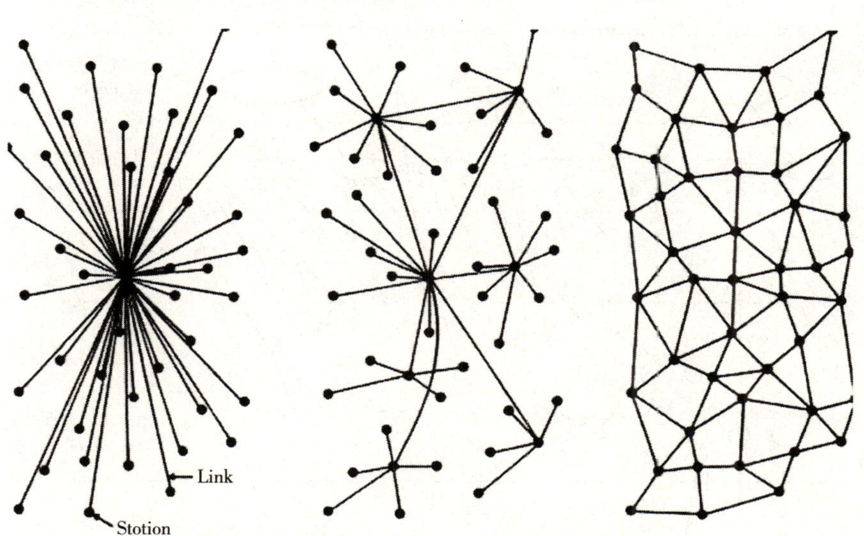

图 7－1 网络结构拓扑图（集中型、分散型、分布型）

另外，也有地理学者将区域或城市作为节点，光纤作为连接，采用图论的网络测量手段，对互联网进行抽象分析。目前已出现不少此类文献，同样集中于对美国通信设施网络的分析。如卡拉吉安尼斯（Karagiannis）等人的网络流量分析；莫斯（Moss）等的美国大城市和互联网主干研究；惠勒（Wheeler）等尝试对美国所有商业互联网的主干网络进行城市网络分析，从而评价城市在网络中的连接性和可达性；莫斯等也从主干网容量和联接性两方面考察了美国主要城市的网络信息空间分布；戈尔曼（Gorman）将欧洲与美国进行比较，结果显示无论是技术手段还是拓扑结构，美国的互联网都比欧洲的来得复杂，其网络强化了美国核心城市的重要性，拉大了网络边缘与核心地区之间的距离。因此，城市在网络中的区位并不仅仅影响它的可达性，还代表着“知识的获取、网络的发展与增长”。

图 7－2 就是关于美国互联网骨干网络的结构示意图。

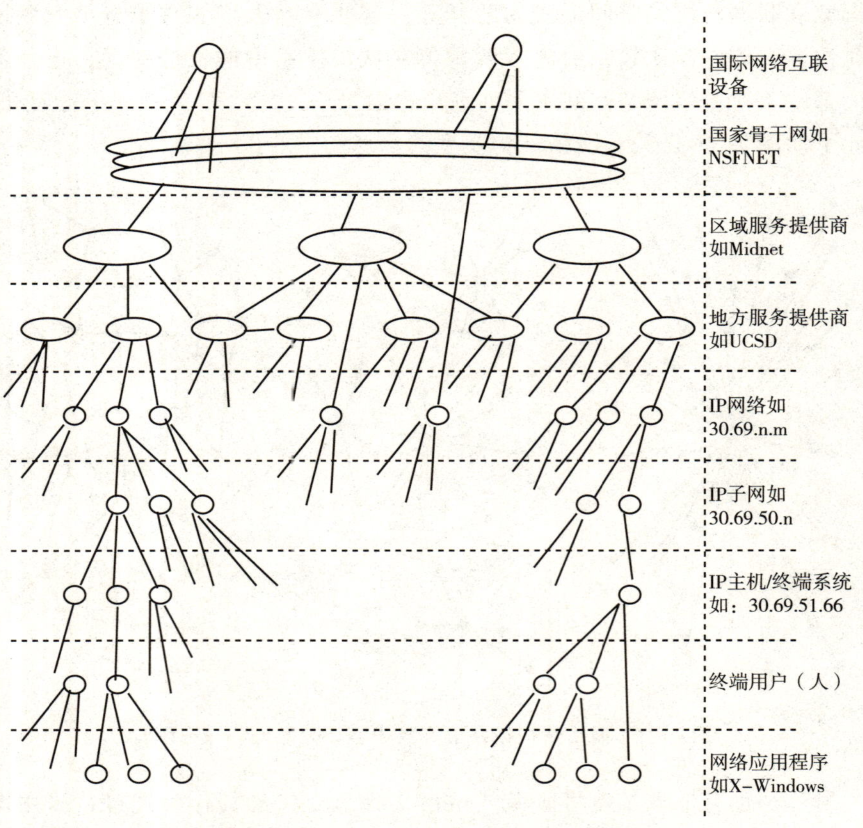

图 7－2　美国互联网内部互联结构图

（2）研究数据的选用方法。

目前，互联网发展的城市研究主要采用四种数据选取手段。最广泛使用的是测量联网主机的数量，但它仅能显示硬件安装的区位状况，而很难区别其用途。

第二种计量方法是利用互联网的地址即：域名系统。每个域名对应一个唯一的账单地址，代表了使用这个名字的组织在地理上的区位。在许多研究中，域名被用作衡量互联网内容生产供应方的一个指标，也成为评价新经济中城市和区域竞争力的重要指标之一。

第三种计量方法是网络线路（或路径）的容量即：线路带宽情况。由于商业利益的驱使，网络提供商会按照一定的预期使用率进行线路带宽平衡，从而线路带宽比较好的反映了区域间信息流量状况。这也是本文研究河北省网络空间地域结构所选取的方式。

最后一种是从网络运营商处获得准确的网络流量，这种办法是最准确的，但由于可能涉及商业机密，所以除极特殊情况外，这种数据很难获得。在这部分中对中国网络空间结构研究中采取了这种方式，把教育网的流量数据做为研究对象。

5）网络空间地域结构研究的方法设计和思路设计

（1）立题。

这部分把研究的关键放在了网络空间（cyberspace）及网络空间的空间结构形式（spatial pattern of cyberspace）与传统地理空间（classic geographical space）的异同和关系问题。为了解决上述问题，就要从网络空间的基本特征及其与背景地理空间的关系出发进行研究，并且必须依赖于地理学的基础理论和方法。

这部分研究主要集中于中国及河北省和石家庄市的互联网网络空间的地域结构方面，以及其与传统的地理空间的关系以及相互的影响。

（2）研究思路。

在充分了解了互联网在全国及河北的发展现状和充分理解了目前有关相关领域的研究后，本研究首先提出在信息社会中空间结构研究的现状，并依此来找出研究的趋势，然后就中国及河北省的发展规律各自做出说明，找出其空间结构的现状和现有模式的缺陷并试图找出其原因。最后从总体角度对今后发展提出建议。研究框架图如图 7－3 所示。

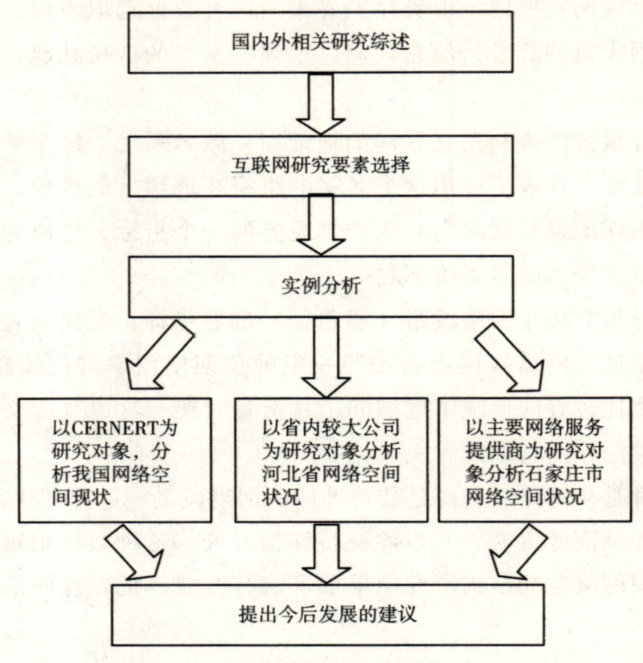

图 7－3　研究框架

（3）分析方法。

① 文献收集。

笔者在此前一直做该方面知识的积累工作，并且不断地到各地图书馆去查阅相关资料和书籍，获得了不少的相关材料。

本研究充分利用了一些著名的网络搜索引擎，搜索了包括“cyberspace”、“info-flow”、“tele geogeography”、“网络空间”、“信息经济”、“spatial structure”等词汇获取了大量网上的历史资料和最新资料，为本书的前瞻性研究打了坚实的基础。

② 定量为主，结合定性分析的研究方法。

由于本书所采用的数据来源可靠，并且非常的翔实、充分，所以本研究的研究主要来自对数据的分析和采用较为简单有效的计算方法。其中有对区域要素的定性分析，以求做到研究过程的科学性和有效性。

（4）数据采集。

利用《中国统计年鉴2009》《中国统计年鉴2010》《中国统计年鉴2011》《中国统计年鉴2012》《中国统计年鉴2013》《河北年鉴2014》以及中央及地方各级政府网站提供的年鉴数据信息，还有来自网络的最新数据，其中主要是来自“CERNET”的流量数据和河北省网络提供商所提供的网络结构和带宽资料。

7.3.2 中国互联网网络空间地域结构与模式研究

由于中国接入互联网较晚，虽然发展速度较快，但其现状与发达国家仍存在巨大差距，同样国内地理学者对网络空间的研究也存在巨大差距。多是对互联网外部形态（网站、域名、站点数量等）进行研究或综合研究，以前多集中在对我国互联网的东西部差异或城乡差异即“数字鸿沟”等方面的研究。本章节则集中在对信息流这个网络的本质特征的研究上。

信息流是社会系统中客观存在的空间相互作用的现象，它虽然是一种虚拟的信号流，但它仍然遵循特定的社会经济规律。流是空间相互作用的具体体现；同时，流的形成不仅是由于“信息势差”的存在，而且也是社会多样化的需求造成的，这样它就充分体现了社会生活的规律。对信息流的研究可以使人们深入了解我国各地间信息相互作用的结构和规律，并建立更有效的通信网络，使各地间信息的流通更加通畅，更有效地推动经济发展和社会进步。

本部分对我国重要城市间的信息流进行了流量流向分析，从空间的静态和动态两个方面研究城市体系的特性，试图通过分析来揭示当前条件下中国城市体系网络结构的空间特征，并对城市间网络结构可能的演变提出预测。

1）资料来源

城市间信息作用研究，首先要求有能够反映城市间信息的流量和流向的资料。在这部分中，采用了中国教育和科研网 CERNET 的部分数据，由于所采集的数据非常的庞大且复杂，所以没有把所有的原始数据全部列出，这里只是节选了部分数据以及一些经过处理的中间数据，如表 7－1、表 7－2 所示。

表 7－1　各中心站点间流量

区间	流量（M）	区间	流量（M）	区间	流量（M）
北京－武汉	1779900	上海－南京	1082910	武汉－北京	1582210
北京－南京	1263720	南京－上海	1325700	南京－北京	1070820
武汉－南京	549350	广州－上海	226998	南京－武汉	512370
北京－西安	445643	上海－广州	268407	西安－北京	475689
北京－沈阳	535330	西安－成都	7584	沈阳－北京	381924
武汉－广州	1175090	成都－西安	8843	广州－武汉	1091110
武汉－成都	590079	成都－武汉	415045		

表 7－2　各中心站点流量

name	In. act（M）	In. max（M）	In. ave（M）	Out. act（M）	Out. max（M）	Out. ave（M）
Bjr-ge. m. log	129. 212	147. 335	42. 8049	37. 19	47. 775	13. 119
Bjr-ge1. m. log	247. 69	274. 159	137. 219	237. 97	293. 13	160. 007
Xar-ge. m. log	432. 523	501. 114	322. 621	529. 021	597. 317	358. 899
Cdr-ge. m. log	793. 002	853. 004	557. 937	875. 289	894. 491	628. 896
Gzr-ge. m. log	816. 564	888. 769	539. 748	527. 598	921. 046	365. 137
Gzr-ge2. m. log	435. 337	515. 802	212. 702	529. 073	607. 53	363. 038
Whr-ge. m. log	761. 119	822. 497	686. 527	750. 781	767. 423	680. 886
Whr-gre2. m. log	764. 553	847. 735	668. 955	751. 014	767. 182	681. 256
Njr-ge. m. log	580. 808	856. 767	450. 405	538. 515	834. 35	342. 807
Shr-ge. m. log	424. 05	513. 102	320. 58	581. 347	656. 953	413. 227
Syr-ge. m. log	198. 301	245. 187	134. 866	166. 444	200. 633	107. 336

根据此统计资料，对我国重要城市间的信息相互作用进行研究。

2）研究方法

每个城市的信息流可以分为入和出，同时城市间的相互作用可以有聚和散，聚即是吸引力，散即是扩散力。各城市吸引力的大小可以由吸引力因子来反映，同样其扩散力大小也可以由扩散力因子来反映。

A 城市对 B 城市的吸引力因子可以通过以下公式得出：

$$X_{AB} = R_{BA} / \sum O_B \qquad \text{(a)}$$

其中：X_{AB}为 A 地对 B 地的吸引力因子，R_{BA}为从 B 地到 A 地的信息流量，$\sum O_B$ 为 B 地发出的信息流量。

则 i 地总的吸引力因子为

$$X_i = 1 + \sum (R_{ki} / \sum O_k) \qquad \text{(b)}$$

其中：X_i 为 i 地总的吸引力因子，1 为地区中心 i 城市对所在地区的吸引力因子，$\sum (R_{ki} / \sum O_k)$ 为 i 地对其他中心城市的吸引力因子。

同样，A 城市对 B 城市的扩散力因子可以通过类似的公式得出

$$Y_{AB} = O_{AB} / \sum R_B \qquad \text{(c)}$$

其中：Y_{AB}为 A 地对 B 地的扩散力因子，O_{AB}为从 A 地到 B 地的信息流量，$\sum R_B$ 为所有到 B 地的信息流量。

则 i 地总的扩散力因子为

$$Y_i = 1 + \sum (O_{ik} / \sum R_k) \qquad \text{(d)}$$

其中：为 i 地总的扩散力因子，1 为地区中心 i 城市对所在地区的扩散力因子，$\sum (O_{ik} / \sum R_k)$ 为 i 地对其他中心城市的扩散力因子。

同时，在这里引入了“场”和“核”的概念，用集聚场和扩散场来说明城市对周边相关地区和城市的作用力，用核的级别来说明城市的影响力的大小。每个场都包括核心和辐射范围两个方面。

3）现状分析

CERNET 是目前世界上最大的国家级学术网，并且设备经济效益是最好的，网络设备几乎用到了极限状态，但各地发展不平衡，有待进一步加大投资，改善网络结构，削弱各地的不平衡状况。

CERNET 主干网的拓扑图如图 7－4 所示。

由图 7－4 可以非常清楚的看到：CERNET 目前设有 8 个地区中心节点城市，它们分别是：华北区－北京、西北区－西安、西南区－成都、华南区－广州、华中区－武汉、华东区－南京和上海、东北区－沈阳。

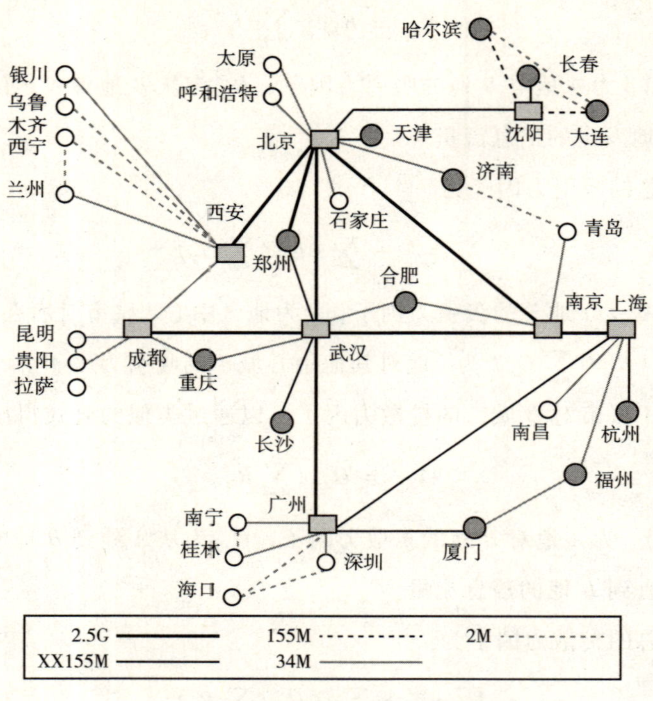

图 7－4　CERNET 主干网拓扑图

以上这些城市有的是国家的政治、文化或经济中心，有的是地区的经济、文化和政治中心，它们都在当地的甚至全国的社会发展（包括经济发展、文化发展、政治发展等方面）中起着举足轻重的作用，并且是大量信息的发源地和集散地。由于中心城市的经济方面的发展，造成周边地区与其经济方面的差距，使它们有向中心城市看齐的趋势，从而造成了周边地区对中心城市有大量的信息需求；由于中心城市的文化发展，产生出大量的信息，造成周边地区与中心城市的信息势差，从而增加了中心城市的凝聚力；由于政治的先进性，许多政策和政令都从中心城市产生并扩散，从而加强了它的中心作用，造成了周边地区对中心城市的向心力。所以选择以上这些城市作为主节点，充分考虑了社会的各项因素在里面，也是对社会发展状况的充分反映。同时，也客观上造成了地区发展的不平衡性。

这些中心城市间的信息流流量几乎占了所有国内信息流流量的90%，这些中心城市间信息流的流向及流量特征，能很好地代表目前我国的网络空间状况。所以本书选择这些中心城市进行研究，能够很好地完成对我国网络结构的现状分析以及为预测发展提供可靠的依据。

（1）等级结构。

由 CERNET 的统计数据，进行整理可以得到以下的一些流量数据。如表 7－3 所示。

表 7－3　各中心城市总的信息流量

城　市	北京	武汉	南京	西安	广州	上海	成都	沈阳
总的流出（M）	4582.9	5438.3	3723.7	900.3	2304.1	1994.5	1307.1	521.4
总的流入（M）	4126	5273	3667	889	2434	2089.3	1324.5	693.7

根据前面所设计的两个公式，把统计数据中的一些城市间的流向流量数据以及整理出的总的流量数据代入公式（b）和公式（d），可以得出各中心城市的吸引力因子 X 和扩散力因子 Y 的结果。如表 7－4 所示。

表 7－4　各中心城市间的吸引力因子和扩散力因子

城市	北京	武汉	南京	西安	上海	广州	成都	沈阳
扩散力因子 X	2.96	2.46	1.99	1.69	1.41	1.32	1.09	1.09
吸引力因子 Y	2.84	2.32	1.92	1.1	1.45	1.35	1.12	1.12

① 等级关系。

场的等级关系可以由核心城市的等级关系准确地反映出来，而核心的确定则由其吸引力和扩散力的大小来决定。

吸引力和扩散力的大小可以反映出该城市在我国社会中的地位，尤其可以准确地反映出该城市对周边地区和其他中心城市的影响力的大小。由表 7－2 可以很直观地看出它们之间的大小、等级关系，可以把这些中心城市分为三个集聚核级别和三个扩散核级别。

三个扩散核分别是：一级核心城市，包括北京、武汉和南京；二级核心城市，包括西安、上海和广州；三级中心城市，包括成都和沈阳。

三个集聚核分别是：一级核心城市，包括北京、武汉和南京；二级核心城市，包括上海和广州；三级中心城市，包括西安、成都和沈阳。

按照以上三个级别的划分，再加上其他重要城市，就可以把我国的网络结构分为四个等级范围，包括一级核心、二级核心、三级中心和其他城市。我们可以用等级结构图来形象的描述它们之间的关系，如图7-5和图7-6所示。

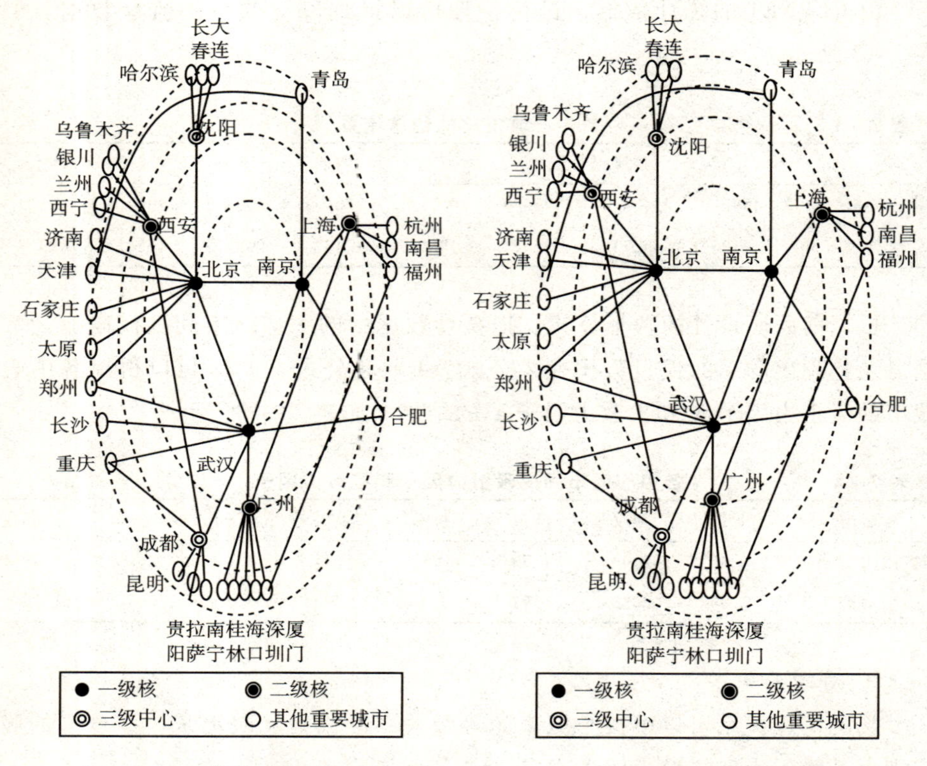

图7-5　扩散核等级结构图　　　**图7-6　集聚核等级结构图**

② 结构特点。

从以上结构图可以看出此等级结构的特点有如下六个方面，包括：

a. 等级关系比例相对较为合理，每级核心、中心城市都带动了较为合理的重要城市数量。除南京外，其余七个中心城市均带动了3~6个重要城市，这样可以使核心城市不至于出现“小马拉大车”的局面，避免了网络阻塞现象的发生，从而提高了网络的可用率（从统计资料也可以证明这一点：CERNET中心站点的网络可用率均大于99.765%，其他重要城市的网络可用率也均大于95.996%），并保证了网络的高性能运转。同样在很大程度上可以避免网络资源的浪费，提高了网络的利用率。

b. 一级核心能起到很好的带动作用，能有效地带动周围城市的信息发展。网络性能的好坏可以很直接地反映出该地区信息发展的程度。根据 CERNET 的统计资料显示，第四级的 28 个重要城市的网络性能排名从高到低依次是：天津、石家庄、呼和浩特、合肥、南昌、太原、长沙、重庆、兰州、南宁、海口、青岛、郑州、大连、杭州、福州、桂林、哈尔滨、深圳、贵阳、西宁、昆明、厦门、银川、乌鲁木齐、济南、长春、拉萨。其中除个别城市外，其余与一级核心直接相连的城市大都排名靠前，这正好说明了这一点。

c. 等级关系不够严密。城市间的信息联系不是严格按照等级关系来进行的，三级中心城市不是联系于二级核心城市，而是直接与一级核心城市相联系的。一级核心不仅可以与二级和三级相联系，同时可以直接与其他重要城市联系。这是由于一级核心城市同时也是地区的中心节点，所以，就赋予了它直接与其他重要城市联系的功能。这种不严密的等级间的联系虽然能充分发挥各级城市的作用，但在一定程度上也加剧了地区间发展的不平衡程度，所以它的存在不利于消除区域差异。

d. 三级中心城市甚至二级核心城市的数量有待加强。在集聚方面二级中心缺少一个环节，只有两个；在扩散方面三级核心缺少一个环节，也只有两个。由于这些环节的缺失，造成了在一些地区的地区发展不平衡，使得一些现有的中心城市出现负荷过大的现象，比如北京，作为一级核心城市，它带动的第四级的重要城市过多（6 个），一定程度上削弱了其一级核心的作用，使其更像二级核心或三级中心城市。应该在西北方向发展一个三级中心城市，并适当调整西安和北京目前所带动的重要城市，以缓解北京的压力，并把西安在扩散方面的能力加强，使其在扩散和集聚方面都具备二级核心的能力。二级核心城市广州方面，带动了 5 个重要城市，应该使一级核心南京的能力向华东南方向拓展，在福建沿海发展一个三级中心城市，以缓解广州方面的压力，从而使广州二级核心的影响力向广西、海南和云南方向发展，能更好地带动周边城市信息交流的发展。

e. 同等级间的联系不够紧密。除一级核心间的联系较为紧密外，其他等级间的联系虽有，但并不紧密，甚至没有联系。这样就制约了信息流通的通畅；二级核心城市间上海和广州间联系较为紧密，而二者与西安的联系则不存在；同样三级中心城市沈阳和成都间也不存在联系；其他重要城市间的联系则更加的松散。这就造成了纵向联系紧密而横向联系松散的现状。这种现状使得除一级核心城市外的同等级各地的“信息供需差异”不能形成信息流动，只能靠“信息势差”造成信息的流动。这样也不利于网络性能的充分发挥。

f. 西安在集聚和扩散上作用的不同造成了一定的资源浪费，部分硬件资源不能够充分利用。这也是由于在西北方向上缺乏一个中心城市来补充西安在各方面的作用造成的。

（2）信息流动模式。

我国信息流动的空间特征如下：北京－武汉之间是一个强轴或者叫做主轴，而北京—南京、武汉—南京都属于弱轴或者称作辅轴。但这三个轴都有共同特点：在每个轴的两端向外都有许多辐射，每一端都有类似“车轮”的模式，与轴相联系就形成了类似于“哑铃”的模式。北京强力辐射东北、华北和西北三大区域，武汉则着重辐射西南、华南和华东部分地区，而南京则主要辐射山东到福建的沿海省份。

由图7－7可以看出，我国信息流动的主要空间结构模式是：

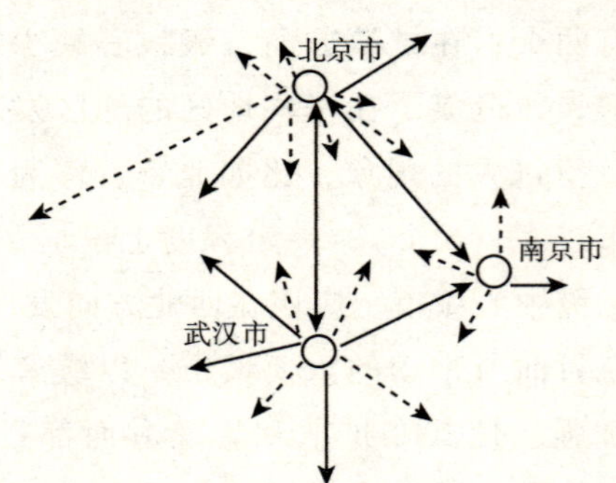

图7－7　CERNET主干网信息流动主模式

首先，在一级核之间的“交互式三角”形的模式，这是由于它们之间的信息互换导致的大致相当的信息交互。它们之间的信息交互不是由于“信息势差”造成的，而是由于信息供需的差异性造成的。

其次，在核心城市与低等级的重要城市之间的是相当于“齿轮”型的模式，由于存在“信息势差”，所以造成了信息从核心城市向低等级的重要城市对外扩散时的“溢出”现象，和对内集聚时的“虹吸”现象。呈现出向四周扩散或向中心集聚的性状。

最后，各一级核辐射区之间并非没有联系，它们之间的联系可以用“互补”、“渗透”和“冲突”来形容，从而促使信息在它们之间的流动，空间上表现为相互“联结渗透”状。

由以上三点可以看出：CERNET 主干网络信息流动模式是以三角形轴为主要模式。如果把前两点结合起来看，可以把它比作一个“三轮车”，北京、武汉和南京分别是三轮车的三个“轮子”，它们三城市间的联系可以看做是三轮车的“轴”，而它们与其他城市间的联系可以看做是轮子上的“辐条”。

再结合第三点的话，可以把辐射区之间的联系看做是三个轮子之间的“连动装置”和“刹车装置”，这样它们之间的联系模式就比较完整地被称作：“三轮车模式”。

4）小结

这部分通过对 CERNET 的一些现状资料的分析，揭示了我国目前 8 个地区中心城市的网络空间格局。由于这些现有的中心城市在社会中的作用，使它们在人才、经济、政治、基础设施等方面存在不可替代性，这样就使得目前的格局比较稳固，并且得到稳固的发展。可以预见到：①随着我国经济的整体发展，改善网络环境，减小区域差异的要求将得到很好的满足，西北和西南区域发展的相对落后现状将得到很好的改善。从而发展出一些二级核心或三级中心，带动该地区的信息方面的发展，以满足区域整体发展。②通过研究信息流动的等级结构发现，我国在未来几年内应该再发展出 1~4 个三级中心城市（应该在西北和西南地区）。随着我国西部大开发的进展，对西部投资的加大，这一目标将很快实现。这样可以使我国的网络等级结构模式更加的完善。③应增加同级城市间的横向联系，从而改善网络的可用性，使网络性能有大幅度的提高。④应对现有的二级核心和三级中心城市加大投资力度，使其对周边的带动力更强大，信息的流通更加通畅。

通过前面对 CERNET 的分析，我们可以看出当前的网络空间的发展有类似与我国目前经济的发展：东强西弱、中部发展速度滞后。而目前我国对西部发展的重视程度很高，这可以看做国家政策的有利面，同时中部省份从民众到政府都对自身经济的发展表示了不满，其大力发展经济的愿望非常强烈，并且大多制定了相关的有利于投资和创业的政策。这些都会导致东部发达地区，甚至国外投资者对中西部地区的关注程度的提高，使对中西部地区各种信息的需求量大大增加，这就直接导致了网络这一主要信息传播手段的高度使用。从而使当前该地区网络空间的不足得以显现。

所以作为经济发展的一个相关条件，中西部地区的网络空间的发展应该先于经济的领先发展，为经济建设提供良好的基础设施。同样，这对网络运营商来说，是一个大发展的机遇——改善网络结构，提高网络使用率，得到更高的利润率。

7.3.3 河北省互联网网络空间地域结构与模式研究

信息流的研究在社会空间结构研究，尤其是在城市和区域空间结构研究中占据了越来越重要的地位，这部分以网络的基础设施——网络带宽数据为基础，分析了信息流的等级结构和结构模式，揭示了目前河北省互联网网络结构的空间特征，并对其未来的发展变化提出了初步的设想。

在国外，对网络城市或区域的研究较为普遍，包括对整个国家的以及小范围的研究。但是，国内对一个地区的网络地域结构的研究尚不多见，这部分则着重考虑河北省的情况，并把一些对互联网发展影响较为关键的因素考虑其中，对河北省的互联网发展情况做了详细的分析，以及如何把它与当前河北“一线两厢”战略进行了结合，同时参考了一些以其他社会要素来研究空间结构的文献，并且提出了一些问题和看法。

1）资料来源

研究互联网地域结构，就要有该地域网络运营商所提供的网络流量数据，或者统计部门所提供的流量数据。然而，由于该项数据的缺乏，使得研究不得不另找其替代数据。基础设施则可以作为流量数据的替代研究数据，即：网络带宽，由于网络带宽是信息流的载体，两者的关系非常密切。所以，用它来代替信息流量数据较为合理。

网络带宽数据主要来自：联通河北分公司、电信河北分公司、移动河北分公司、CERNET以及河北广电网络集团提供的数据。之所以采用这些数据：一是因为联通河北分公司的带宽及其结构在河北省有足够的统治地位；二是因为这些公司的数据足以代表河北的网络状况；三是其他运营商即便是存在，其带宽也很难改变整个地区的结构，所以采用了这些公司的数据。以下是调查所得资料的整理内容（见图7-8~图7-11）。

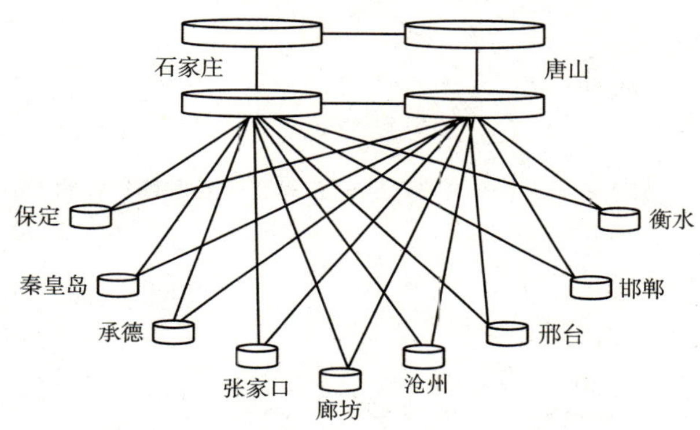

图7-8 中国联通河北分公司宽带互联网拓扑图

注：以上线路带宽均为250G。

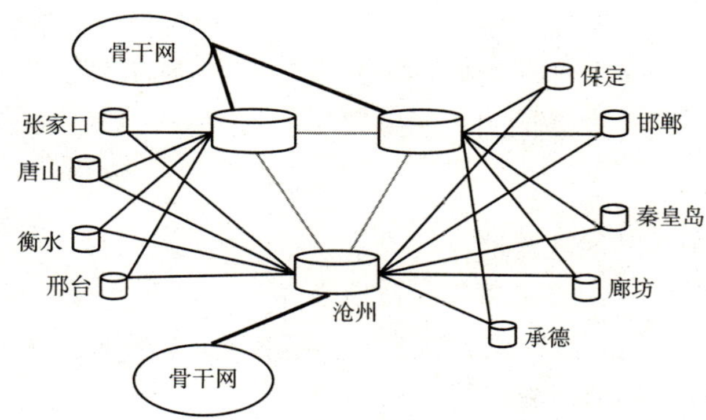

图7-9 中国移动河北分公司宽带互联网拓扑图

注：以上支线带宽约为155G。

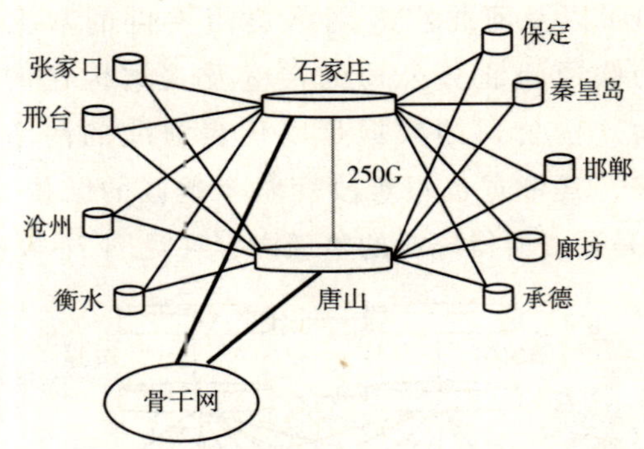

图 7－10　中国电信河北分公司宽带互联网拓扑图

注：以上各条线路带宽约为 155G。

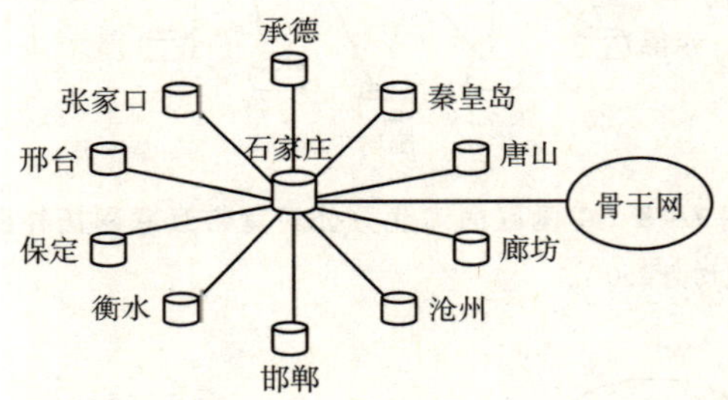

图 7－11　河北广电网提供给教育网的拓扑图

注：以上线路带宽均为 10G 至中心节点为 100G。

2）研究方法

（1）研究对象的地理背景。

下面对河北省“一线两厢”区位因素和经济实力进行一些简单的分析，以帮助认识河北省的一些情况，也有助于理解河北省各种地理学要素的空间分布对网络空间结构的影响。

① 区位因素：地理位置。

河北省位置优越，环抱京津，位于环渤海的中心地带，属国家划定的重点发展的京津冀经济圈，“一线”和“两厢”各有自己的优势。

“一线”占尽地利：

石家庄市作为省会，为全省政治、文化中心，是全国铁路、公路、邮政、通信的重要枢纽，素有“南北通衢，燕晋咽喉”之称；唐山、秦皇岛毗邻京津，近靠渤海，保定则有首都南大门之称，廊坊则位于正在规划的大北京经济圈的腹地，市区距北京40公里，天津60公里。

“南厢”路路相通：

邯郸市境内京广铁路、京深高速公路等纵贯南北，是中原地区的重要枢纽。邢台市有冀南唯一的航空港——邢台飞机场，沧州市东临渤海拥有95公里海岸线，而衡水属于环渤海、环京津重要开发开放地带。

“北厢”位居咽喉：

张家口市作为首都北京的北大门，地理位置极为重要，承德市南临京津，北接辽宁，地处环渤海经济圈。

② 区位因素：资源分布。

辖区面积，“北厢”最大，“一线”次之，“南厢”最小；耕地面积，“南厢”最多，“一线”次之，“北厢”最少；水资源（含地表水和地下水），“一线”丰富，“北厢”次之，“南厢”贫乏；人口总量，“一线”最多，“南厢”次之，“北厢”最小；文物古迹，“一线”占全省半数。

③ 城市化水平。

城市化率，“一线”最高，“南厢”次之，“北厢”最低；城市化发展指标，“一线”最高。

④ 经济总量。

GDP总量，“一线”最多，“南厢”次之，“北厢”最少。增长速度，“一线”最快，“南厢”次之，“北厢”最慢。

资产总量，“一线”最多，“南厢”次之，“北厢”最少。增长速度，“一线”最快，“南厢”次之，“北厢”最慢。

财政收入，“一线”所占比重高于六成。

固定资产投资，“一线”最多，“南厢”次之，“北厢”最少。

进出口总额，“一线”占全省八成。

社会消费，“一线”占全省六成。

金融机构存款，“一线”占全省六成。

⑤ 人均水平。

人均GDP，“一线”最高，“南厢”次之，“北厢”最低。

人均收入，“一线”最高，“南厢”次之，“北厢”最低。

人均资产，“一线”最高，“南厢”次之，“北厢”最低。

通过“一线两厢”的区位因素和经济实力比较分析，就区位因素而言，“一线”和“两厢”各有所长，各区域应发挥自身优势，顺“势”而发。从经济实力看，“一线”已经成为河北省的重要经济区域和“隆起带”，在全省经济发展过程中起着“领头羊”的作用。“两厢”经济基础薄弱，但发展潜力较大。应积极推进“南厢”，大力扶持“北厢”。“一线”和“两厢”之间应加强经济协作，拓展合作空间，促进共同发展。全省提出的“加快发展中间一线，积极推进南北两厢”的思路，对实现区域经济的均衡与发展，从而实现全省经济最佳效益，具有重要的战略指导意义。

把以上的分析运用到空间结构分析中，可以较好地考虑到社会各要素的影响，以及人文地理学的方方面面。

（2）方法。

这里为各地市考虑了五项因素，分别为政治、经济、区位、旅游、教育，其中采用了国际旅游外汇收入作为旅游的参考值，高校及高校资源作为教育参考值。采用特尔菲法对这些因素进行考察调查得出表7－5的数据。

表7－5　各地级市综合评分

地级市	石家庄	唐山	保定	秦皇岛	廊坊	邯郸	邢台	沧州	衡水	承德	张家口
政治	3	1	1	1.5	1	1	1	1	1	1	1
经济	3	3	2	1	2	2	1	2	1	1	1
旅游外汇	3	1	2	3	2	1	1	1	1	3	1
高校资源	3	1	1.5	1	1	1	1	1	1	1	1
区位	3	2.5	－1	2.5	－0.5	0	－0.5	2.5	－0.5	－0.5	－0.5
总分	15	8.5	6.5	9	5.5	5	3.5	7.5	3.5	5.5	3.5

注：经济数据来自2013年《河北经济年鉴》；旅游外汇收入来自：河北旅游网（http：//www.hebeitour.gov.cn/index.php）；高校资源来自：河北省教育厅网站（http：//www.hee.cn/）。

表7－5中的评分标准是采用特尔菲法在130位硕士研究生及研究生导师中调查得出，解释如下。

政治：省会3分，其他为1分，但由于秦皇岛存在中央及各直属机关的宾馆，在夏季其政治地位会有所提高，所以得1.5分。

经济：按照河北年鉴的数据国民收入大于4000亿元得3分、4000亿～2000亿元得2分、2000亿元以下得1分。

旅游外汇：按照2012年全省各市国际旅游外汇收入（http://www.hebei-tour.gov.cn/index.php）大于5000万美元得3分、5000万以下得2分、数据不详得1分。

高校资源：按照目前河北省高校分布情况看，石家庄的高校数量最多并且多为主力院校，所以石家庄得3分，保定的院校数量、质量、历史也都居前列，所以得1.5分，其他市院校都较为平均，所以得1分。

区位：考虑区位对网络分布的影响，首先省会得3分，然后其他地市分为沿海和临京、石两类，因为沿海涉及光缆的铺设，对网络分布影响较大，所以沿海+2.5分，而临京、石的考虑首都和省会的虹吸现象所以要-0.5分；

之所以考虑以上这些因素，是因为，首先，传统的重要地区由于其在交通、经济、政治等方面的优势地位以及发展的惯性，往往依然位于互联网区域等级体系的上层。其次，人才因素，即拥有大量高素质人口的地区容易发展成为高层次的互联网区域。最后，地理区位仍然是互联网地区发展的关键因素，沿海地区由于海底光缆的存在，其互联网的发展明显好于其他内陆地区。同时，旅游是地区对外交流的重要窗口，所以当前旅游的大发展也必然对当前的交流工具——互联网产生巨大的影响。

如果把张家口、保定、石家庄、邢台、邯郸划为西北区。把承德、秦皇岛、唐山划为东北区。把廊坊、沧州、衡水划为东南区。从表7-4的各地市综合得分可以看出石家庄在西北区综合得分最高，唐山、沧州则在东北、东南区得分最高。由此可以看出当前的这种结构是与现实的一些条件是相吻合的。

3）现状分析

所谓网络结构在其内部无非有三种方式：集中型、分散型、分布型（见前图7-1）。

河北省网络结构属于第二种方式。从图7-8～图7-11以及表7-5就可以看出，网通、联通、电信三公司均把石家庄和唐山作为主节点，其他地市看做接入节点，移动则把石家庄和沧州作为主节点，广电则是只把石家庄作为主节点，虽然其带宽大小不同，但仍然可以看出石家庄、唐山、沧州在河北互联网络中都起到了主节点的作用。其中石家庄是绝对的核心，唐山次之，沧州的作用则要小得多。

石家庄、唐山、沧州三个地区是主干节点，而其他地区则属于接入节点。可以把石家庄、唐山、沧州三地区看做核心层，其他地区看做接入层。如图 7 – 12 所示。

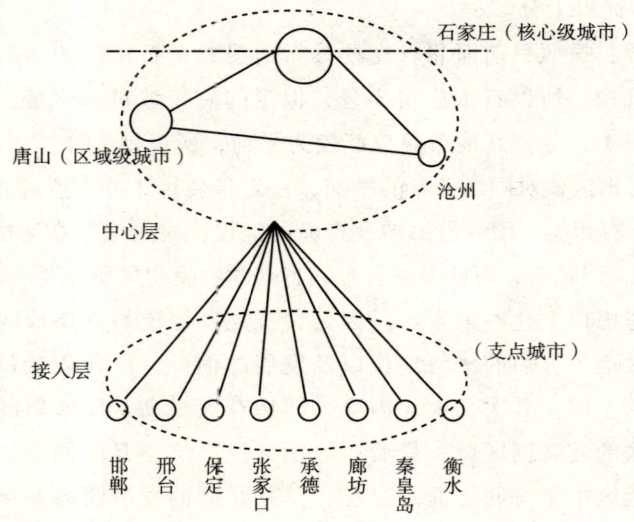

图 7 – 12　河北省互联网等级结构图

(1) 结构特点。

从以上结构图可以看出此等级结构的特点有如下几个方面，包括：

① 可以大致把河北省分为三大块：西北、东北、东南。石家庄、唐山、沧州分别居于这三个区域，都在其所在区域起到核心的作用，并且带动周边地市发展。

② 主节点中，石家庄和唐山是核心节点，并且是作为国家主干网络的主要省内出口，而沧州则是一个较小的出省口。

③ 主节点的作用划分不够明确，三个节点的作用几乎是相同的，只是大小有所不同而已。

④ 在节点设置上，应该考虑与当前河北省“一线两厢”发展战略相结合；一线指：石家庄，保定，廊坊，唐山，秦皇岛。两厢指：南厢 – 邯郸、邢台、衡水、沧州；北厢 – 张家口、承德。现在在一线上有石家庄、唐山两

个核心节点，在南厢有沧州作为区域级节点，而北厢则没有。所以作为补充，应该考虑在张家口，承德两地设置一个区域级节点。

把河北省的发展规划加入其中，是因为他们之间存在相互影响的关系：发展规划及政策倾向会决定整个地区的投资、建设等倾斜，以及全局的发展；而网络结构的发展则反作用于规划的实施效果和效率。

（2）结构模式。

从以上数据可以大致看出：河北省的网络结构和全国的网络结构有相似之处，也可以分为4个等级（但也可以把唐山和沧州看作同一等级的城市），从分布方面看，由于行政因素的影响，节点的分布沿袭了传统的地级市的分布，但又有所不同：石家庄的行政中心决定了其核心节点的地位，而唐山则因为其强大的经济实力以及沿海的优势成为当仁不让的二级核心，而沧州则纯粹是因为沿海的缘故使其成为一个区域级节点。

由图7－13可以看出河北省信息流动的结构模式如下：

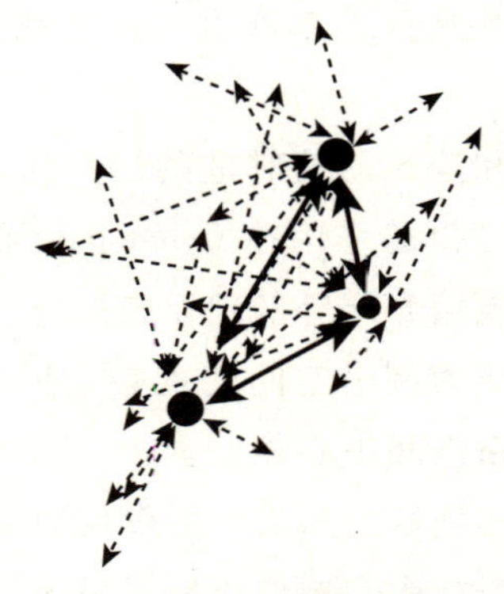

图7－13　河北省互联网信息流动模式

首先，在核心层石家庄、唐山、沧州三地的三角模型间，信息流动的原动力一般不是信息势差或者出入口需求造成的，而是信息需求的差异所致。

其次，接入层与核心层之间的信息流动则主要是出入口需求以及信息势差造成的，因为，在信息大爆炸的现在社会，人们对外界的信息需求越来越大，并且相当一部分是来自省外，这样信息流就需要通过出入省通道来到达目的地，从而形成了接入层与核心层之间的大部分信息流。

再次，接入层节点之间的信息交换则同样要经过核心层节点的中转，这也形成了接入层与核心层之间的信息流。

最后，核心层节点作用的大小差异较大，作为一级核心的石家庄和二级核心的唐山其作用之大，要远超过沧州，造成了对沧州在网络中作用的削弱。这就反映了节点间的渗透和虹吸现象。

在未来的发展中，石家庄和唐山在网络空间的地位将进一步得到加强，这是石家庄在河北省的政治地位、经济地位以及唐山在河北省的经济地位和临海这一优越的区位条件决定的。

4）小结

第一，由于网络在社会各方面的影响越来越大，所以在现在社会中，城市和区域发展已经步入了网络或者互联网发展的轨道。从前面的数据可以看出石家庄、唐山、沧州是作为核心层次。其他地级市则作为当地的主节点，来连接本地区，充当本地区的中心。

第二，河北省的网络发展趋势和整个中国的网络发展应该说基本相同，即偏重发展行政中心和沿海地区，东部沿海较发达。使得 Cyberspace 的空间重心向东部倾斜。

第三，唐山的京唐港和沧州的黄骅港的门户作用，使得该城市成为发展的重心。这说明传统地理区位的作用在 Cyberspace 的构建中占据了举足轻重的地位。是因为这些涉及电信光纤等基础设施投资的决策。

第四，石家庄之所以成为网络空间的重心，是因为其省会地位和其发达的交通，即交通枢纽和网络空间中心相重合。

在信息社会，地域中心地区的形成，不仅仅取决于工业社会时代的交通、经济等因素，如河北的沧州，中心地位的形成更多的是因为其地理因素。

河北的地理位置较为特殊——环北京。北京是首都，是我国互联网当然的核心节点。这种核心节点对各种不同产业有积聚和扩散两种作用。积聚——对信息需求高的产业或行业，它们都向核心节点的核心地带积聚；扩散——对占地面积大、信息要求较低的产业，它们向远离核心节点的边缘地带扩散，因为中心地带的成本过高。要发展河北经济，就要抓好这两点。因为河北环绕北京，可以看作核心节点的边缘地带，从北京扩散出来的产业，其经济效益并不一定小，只是由于发展的需要而从核心撤离出来，但其总部仍然会留驻在北京，以方便的获取大量市场等方面的信息。河北要努力把基础设施建设好，包括网络基础设施。这样可以使这些企业放心的安家在河北，从而对河北的经济发展做出贡献。把网络发展好了，可以使该企业在河北的部分与其在北京的总部较为方便地进行联系，使企业总部获得的有效信息可以快速地传送到分部，使分部的发展有可靠的信息来源、科学的管理指导等。

与京津要形成各方面共同发展的模式，就要求河北的网络空间要有合理结构和信息流动模式。

河北“北厢”的经济发展重点可以放在旅游业上，因为其旅游资源非常丰富，并且可以作为北京的后花园，尤其张家口的体验型旅游资源比较多。适合发展短线游和周末游。这就要求该地区的旅游资源信息可以及时准确地反映到需求端。所以该地区的网络发展现状远不能满足这一要求，应该得到加强。

“南厢”的沧州拥有黄骅港这一重要的资源，所以该地区作为河北网络空间结构的二级节点是非常合理的。“一线”作为经济发展的龙头，在网络空间结构中有两个一级节点也正好体现了这一特点。

综上所述，现在河北的网络空间结构中，较为不合理的部分就是“北厢”无中心节点，其他部分相对合理。

7.3.4 石家庄市互联网网络空间地域结构模式研究

在国外，对网络城市或区域的研究较为普遍，包括对整个国家和小范围的研究。在国内，也有一些学者对信息地理或互联网地理学进行了研究，包括 1988 年虞蔚对我国重要城市间电话网络的研究；20 世纪 90 年代末期，张捷等对 CERNET 的空间结构进行了分析；巴凯斯、路紫指出地理空间向地理网络空间变化的趋势；汪明峰、宁越敏的网络对城市空间的影响。

但是，就单个城市的网络空间结构模式研究，在当前是比较少的，几乎是空白。对于石家庄市网络空间结构模式的研究，也是一种摸索，由于相关数据难以收集，所以对石家庄市的城市网络空间结构模式研究只是进行了定性分析。

1）数据采集

设备的容量在与骨干网相连接的中心局处最大，设备的集中度和线路的带宽也是最高层次的。在中心局所辖还有包含相对较少核心路由器和光纤线路的市分局和县局，它们的功能就是管理所辖地区的单位、公司、社区等集体用户用于接入的路由设备。然后就是分局管理的集体用户层面，在该层面有服务器和交换机等设备。再往下就是以各种方式（包括各种有线、无线方式）接入的终端用户。

2）现状分析

由于各运营商的城市网络大都是单中心方式，在石家庄市内的网络分布，无论是其带宽的大小还是其覆盖面的广博，其模式大都是以中心局为核心，向周边扩展（见图 7－14）。中心局是核心，市辖区分局及各县分局是二级节点，单位、公司、社区则作为三级节点，个人用户及终端用户就可以成为最后的接入层。所以可以认为该网络空间结构为蛛网状结构。

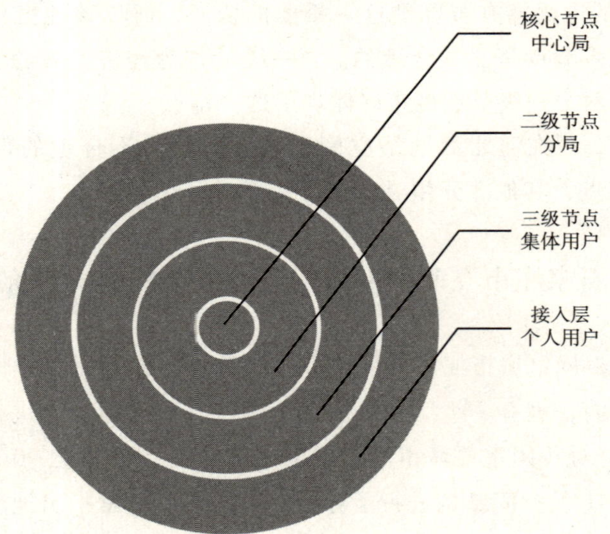

图 7－14　石家庄市网络空间地域结构示意图

该结构特点是，由于是单中心，所以易于资源的集中管理，统一调度。缺点也很明显，就是不适合较大网络的发展，有较强的局限性。但就石家庄市而言，该结构仍可以满足当前的发展。

石家庄市的网络空间信息流动模式为——单极化模式。可以用图 7－15 来表示。

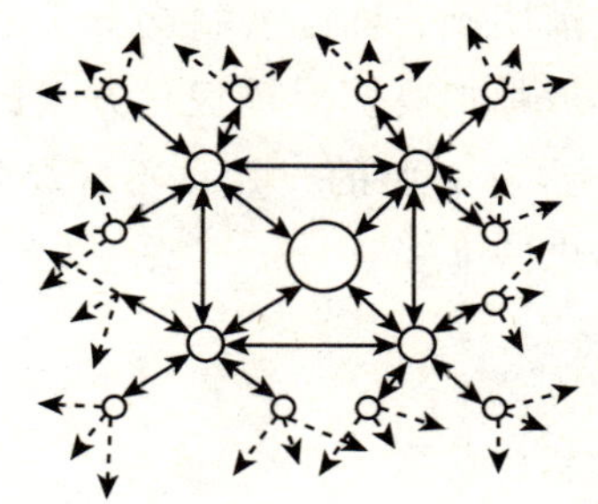

图 7-15　石家庄市网络信息流动模式示意图

该模式是以市中心为极点，从极点向周边区、县、镇、村扩散。这种模式类似于前面提到的空间模式中的核心—边缘理论和增长极理论。

可以认为它更符合增长极理论。因为在把城市作为区域性的发展极时，所强调的是大城市及其体系在区域发展中所起的“创新”和“传播”作用。经济发展如此，工业发展如此，信息发展也是如此，不过其不同在于，信息的“创新”和“传播”的双向性。

这种信息流动模式有如下特点：

首先，任何网络的发展都是以城市中心区为核心向边缘区扩展，城市空间也随之延伸。缩小了空间的障碍，对城市交通和邮政等基础设施有一定的替代作用。

其次，这种网状结构加强了城市中不同地区的联系，从而使产业结构得到较为理想的调整，使社会分工更加明确，资源分配更加合理，社会协作更加密切。如网络的发展使制造业搬离市中心地带，向郊区或边缘地带发展，以降低生产成本；而金融业、服务业和大公司的总部以及信息技术公司都开始向信息较为集中的市中心进发并形成积聚，原因就是这些部门对信息的需求更强烈。

最后，二级节点即分局之间既有纵向又有横向的联系，这加强了网络的可用性，降低了故障率。但是三级节点之间就没有了类似的结构，只有纵向而没有横向的联系。

3）小结

带宽成为空间可达性的关键，有了足够的带宽，网络空间就好比有了高速公路，而带宽过低则会造成信息的拥堵，从而使整个网络运转不灵。随着网络的发展，社会分工逐渐明确，而随着社会分工的细化，对信息的需求也将逐步细化，需求量也将大幅提高。对单极化方式的网络结构，加强同级节点之间的横向联系，是非常有必要的，并且不容易给用户造成太大的损失，从而能加强用户对品牌的忠诚度。

7.3.5 结论

本部分是针对研究对象的空间尺度从中国到河北到石家庄的体系所开展的纵向研究，而不是像过去大多是作横向比较研究。作为一种新的尝试，希望能对当前或今后的网络空间发展和研究提供一些帮助。

1）主要创新点

（1）对照国内外的相关研究，把具体的网络空间与传统的地域空间相结合，形成一个统一体，使网络空间更为具体化、社会化。

（2）通过对中国、河北省和石家庄市的网络空间实例的研究，对不同地域范围的网络空间进行研究，找出了几种结构模式。

（3）研究体系是纵向的，即国家—地区—城市的研究体系。本章主要对研究对象的网络空间地域结构进行了评价，这种体系，从研究效果看，通过研究可以有效地获得各级管辖权内网络的现状，由此可以从宏观到微观，全面地了解我国互联网网络空间的状况。可以对宏观调控以及部门或公司决策起到一定的指导作用。

（4）从行政管辖方面说，本文所研究的对象都是在同一行政管辖区内的，这样相对那些大的地区研究的有利之处在于可以有效地使研究成果得到实施。而对于大区的研究，则由于存在不同的行政区间，涉及管辖权的问题，各行政区之间的协调工作将成为最大的障碍。

2）主要结论

（1）通过前面对我国以及河北省和石家庄地区的网络结构的研究，可以发现，我国目前的网络虽然发展很快，但就其结构而言，仍然较为落后，极为不完善。对于国家这个宏观来说，资本尤其注重在沿海发达地区的投入，而中西部欠发达地区的发展相对落后。这已经不能满足当前我国经济发展的需要，并且也与当前的政策倾向不一致。

（2）对于相对微观的区域来说，其发展与宏观有类似之处——发达地区或沿海地区网络发展比较完善，经济落后地区则相对迟缓。

（3）对河北省而言，网络发展与本省经济发展政策的不一致也是十分严重的。现在河北省正在努力融入“京津冀一体化”之中，以期望从中获得发展的机遇，这就要求河北省与北京、天津两地做到“无政策障碍”、“无市场障碍”、“无交通障碍”、“无信息障碍”和“无服务障碍”。其中无信息障碍这一点就要求河北省的网络空间要与北京、天津两地的网络空间可以做到无缝接合。但省内结构尚不完善，就更谈不上与周边省市的无缝接合了。

（4）我国整体的网络结构和信息流动模式，存在的问题和缺陷，也大致反映到了各个地区。同样面对的问题主要有：加强欠发达地区网络的发展；加强网络节点间的横向联系；加强与国家或地区经济发展政策的联系。

（5）核心节点要充分考虑自身发展的特点——积聚和扩散，即现实中对产业的整合、调整，从而考虑聚合和扩散对自身不同区域建设的不同要求，中心地带要考虑建筑物的信息化；周边边缘地带不仅要考虑与信息中心的网络通畅问题，还要替边缘地带的可持续发展做好规划和经济支持。

（6）对于核心或中心节点的周边区域，要做好应对核心节点的积聚和扩散作用。并且充分利用这些特征，充分发挥服务功能，以从中获得有利的发展机会。

3）主要后续待研究问题

（1）通过对 CERNET 的分析所得出的结论对于其他的网络是否存在共性这一问题上有待开展进一步的求证研究，本书存在的后续研究应该包括：首先，是对其他网络的实证研究，主要是应针对中国公用计算机互联网（ChinaNET）、中国科技网（CSTNET）、中国金桥网（GBNET）等在我国影响范围较大，分布较广的互联网。其次，不仅要考虑吸引力和扩散力因素，同时也要考虑到其他的影响因素，主要是社会信息化程度，包括计算机普及率、网络普及率、人均 GDP 以及社会文化程度和社会信息产量和需求量等因素。

（2）对研究数据的选取，仍然是值得商榷的，利用带宽数据的不足是没有充分考虑其利用率即流量。因为不同的线路其带宽利用率是不一样的，这样可能就使分析结果产生一定误差。

网络经济背景下京津冀产业协同发展研究

Chapter 8

8 网络经济时代京津冀产业协同发展的核心要素

8.1 区域经济协同发展中序参量的作用

区域经济协同发展形成系统内部的有序结构，达到既定的系统目标的关键，就是要正确选择决定区域经济发展方向的序参量，通过强化序参量，来推动系统协同发展，放大协同效应，从而最大限度地发挥系统的功能。

区域经济协同发展在没有外部指令的条件下，其内部各要素间能够按照某种规则，自动形成有序结构，表现出强烈的自组织特性。区域经济对经济社会的影响是区域内部的各个经济要素协同作用的综合结果。

协同作用是系统有序结构形成的内在驱动力，这种结构往往是产业结构优化升级的结果。在复杂开放的区域经济环境下，当外界控制参量达到某种临界值时，各个经济要素之间存在的相互作用，由原来的相对独立相互竞争的结构状态向相互联系相互合作的结构状态方向转化，形成区域内各经济要素间的协同作用。

在系统由无序到有序转化的临界过程中，表征系统变化的各个状态参量所处的地位和所起的作用是不一样的。当系统逐渐接近于发生显著质变的临界点时，这些状态参量随时间变化的快慢程度是不相同的，有些状态参量变化快，被称作快弛豫变量；有些状态参量变化慢，被称作慢弛豫变量。慢弛豫变量是主宰整个系统最终结构和功能的有序化程度的序参量，能够支配系统其他变量的行为、主宰系统发展的方向。

协同学创始人哈肯认为，序参量的合作和竞争最终导致只有少数的序参量支配系统，达到更高程度上的协同；序参量是系统演化发展过程中起主导作用的参量，它控制系统演化的进程，决定系统的发展方向，主导系统由一种相变状态转化为另一种相变状态，并表征系统新结构的形成。

序参量作用机制是区域经济协同发展的重要机制。区域经济是由多种经济要素构成的复杂系统。各个经济要素对系统发展所起的作用是不同的。找出起决定作用的序参量，就可以掌握整个系统的发展方向并预见系统发展的结果。通过制度设计，创造发展条件，加速序参量的形成并充分发挥序参数的作用，即可实现区域经济系统从无序的不稳定的结构状态向有序的稳定的结构状态发展。

区域经济发展的要素主要包括自然资源条件要素、资本要素、劳动力要素、企业要素、交通要素、市场要素、教育要素、技术创新要素、产业结构要素、公共政策与服务（政府）要素等。根据各经济要素依据其在系统中的地位和作用，可以区分为不同的层次。

在我国的珠三角、长三角和环渤海三个区域性核心经济区发展中，各自的技术创新也存在极大的区别。珠三角经济区是以广东省的广州、深圳、珠海、佛山、江门、东莞、中山、惠州和肇庆市为主体，辐射泛珠江三角洲，并与港澳紧密合作的经济区域。长三角经济区是以为江苏省、浙江省和上海市两省一市为中心的经济区域。环渤海经济区是环绕着渤海全部及黄海的部分沿岸地区，包括北京、天津两大直辖市及河北、山东、辽宁、山西和内蒙古中部地区所组成的经济区域。

（1）珠三角经济区是以市场先导型为主的经济系统。市场先导型区域经济系统的一个突出特点体现在，市场需求是引发经济系统演化发展的主导因素。珠三角是全国市场化程度最高、市场体系最完备的地区，也是我国外向度最高的经济区域和对外开放的重要窗口，是推动我国经济社会发展的强大引擎。这一区域的人口和经济要素高度聚集，城镇化水平快速提高，基础设施比较完备，已经形成了一批富有时代气息又具岭南特色的现代化城市，成为我国三大城镇密集地区之一。为了满足不断出现的新的市场需求，就需要不断地设定新的技术目的，由此使技术目的与技术手段之间的矛盾日益激化，推动区域技术创新的不断进行。珠三角技术创新通过粤港澳三地分工合作和优势互补为先进制造业和现代服务业提供技术支撑，形成具有世界先进水平的科技创新能力和全球最具核心竞争力的大都市圈之一。珠三角区域经济系统的发展趋势是：一是开放的区域技术创新系统。通过完善自主创新的体制机制和政策环境，构建以企业为主体、以市场为导向、产学研结合的开放型区域创新体系。二是率先建成全国创新型区域。成为亚太地区重要的创新中心和成果转化基地，全面提升国际竞争力。三是世界先进制造业基地。坚持高端发展的战略取向，建设自主创新新高地，打造若干规模和水平居世界前列的先进制造产业基地，培育一批具有国际竞争力的世界级企业和品牌。四是现代服务业基地。发展与香港国际金融中心相配套的现代服务业体系，建设与港澳地区错位发展的国际航运、物流、贸易、会展、旅游和创新中心。五是区域龙头和全国引擎。形成以珠江三角洲为中心的资源互补、产业关联、梯度发展的多层次产业圈，建设成为带动环珠江三角洲和泛珠江三角洲区域发展的龙头；综合实力居全国经济区前列，辐射带动能力进一步增强，成为带动全国发展更为强大的引擎。

（2）长三角经济区是以市场与企业互动型为主的经济系统。市场与企业互动型经济系统的一个突出特点体现在，市场需求刺激经济发展，企业技术创新的提升又刺激新的市场需求的产生，市场和企业相互作用，共同推动区域经济系统演化发展。长三角是具有较强国际竞争力的世界级城市群，是亚太地区重要的国际门户和全球重要的先进制造业基地；已经形成了以服务业为主的产业结构，三次产业发展比较协调；在电子信息、生物和先进制造等一些重要领域科技创新已经接近或达到世界先进水平。长三角比较协调的区域内部发展、合理的分工、各具特色的空间格局，使得市场与企业之间的信息交流畅达，形成了对经济发展的引领和支撑作用明显的市场与企业互动特征。长三角区域经济系统的发展目标是，构建具有国际竞争力的区域创新体系，实现关键领域和核心技术的创新突破，营造鼓励自主创新的政策环境，加强创新型人才的培养和引进。在构建具有国际竞争力的区域经济系统方面，引导创新要素向企业集聚，支持有条件的企业建立技术研发机构和创办海外研发机构，鼓励有条件的企业与高校、科研院所建立技术创新战略联盟，整合自主研发力量，建设一批一流的研究型大学、科研机构和创新型企业；加强国家重点实验室、工程技术（研究）中心、国家重大科学工程的建设，建设开放共享的科技基础条件平台和产业共性技术研发试验平台；构建区域创新网络，建立和完善技术转移转化的公共服务平台和中介服务机构，重点办好若干区域性重点科技园区；实行科技资质互认制度。在实现关键领域和核心技术的创新突破方面，重点推进电子信息、生物、先进制造、新能源、新材料、航天航空等领域的自主创新，加强区域联合协作，共同攻克产业核心技术、共性关键技术，组织开展新技术开发和推广示范；充分发挥高新技术产业园区在产业集聚和创新载体方面的作用，协同推进原始创新、集成创新和引进消化吸收再创新；支持区域联合承担国家重大科技专项。在营造鼓励自主创新的政策环境方面，加大财政对竞争前技术和共性技术研发、引进技术消化吸收再创新、初创型科技中小企业的引导性投入；抓好企业研发费用税前抵扣和高新技术企业优惠政策的贯彻落实；进一步改善创新创业投融资环境，鼓励发展创业风险投资和私募股权投资，支持区域内国家级开发区中高新技术企业进入股权代办转让系统，鼓励发展金融租赁业，积极发展小企业信用担保体系；推动形成市场化、专业化的创新服务体系。加大知识产权保护力度，加强知识产权的集成、运营和管理。在加强创新型人才的培养和引进方面，调整完善高等教育的学科布局和专业设置；鼓励企业依托高等院校、职业院校和科研机构，建立区域高新技术和高层次应用型人才、高技能人才培养基地；加强国际合作交流，发展和完善多种形式的科技创新人才国际化培养模式。加大人才引进力度，重点引进高层次人才、高科技人才以及经济社会发展需要的紧缺人才。

（3）环渤海经济区是以政策引导型为主的经济系统。政策引导型经济系统是指政府积极引导经济发展是整个区域经济系统演化发展的主要特征。与长三角和珠三角相比，环渤海区域是行政干预力量最强的区域，而市场对技术创新资源的配置能力则相对较弱。环渤海区域的大型企业特别是国有企业的比重较高，对于技术创新，往往是政府走在企业的前面。政府在先，企业在后。政府先对技术创新提出要求和设定目标，随后企业等其他技术创新相关要素相互作用，努力完成技术创新目标要求。

环渤海经济区利益主体地方意识较强，各省区市虽然都认识到区域分工与合作对区域技术创新协调发展的重要意义，但受利益多元化制约，在合作目标上还存在着差异，都力求以现有的资源要素优势，来实现最大化利益，而缺乏从全局发展的高度、从自身实际的角度，去配置技术创新资源，导致环渤海经济区内部不同地区间经济协调成本高，市场化程度低，资金、人才、技术等要素流动也不够畅通，使得区域技术创新整体优势发挥不良。为此，各地都提出了区域协同的一些思路和措施。比如，北京市提出，发挥科技创新和综合服务等优势，找准北京在京津冀都市圈和环渤海地区的定位，加强与周边省区市的联系沟通，拓展交通、能源、水资源、生态保护、旅游发展、生产基地等方面的联合与协作。天津市提出，推进与北京的科技合作，建立京津、环渤海等旅游合作机制。河北省提出，要以更加积极主动的姿态，务实地推进与京津的合作，多领域、多层次与京津对接。山东省提出，实施

“一体两翼”和海洋经济发展战略，推动区域经济协调发展。辽宁省提出，要把沿海经济带、沈阳经济区和辽西北地区建设成为辽宁对外开放的新高地。山西省提出，大力推进区域经济合作，主动融入环渤海经济圈，接受京津地区的辐射，形成产业互动。内蒙古自治区提出，大力加强与长三角、珠三角和环渤海地区的经济技术合作，承接先进生产力转移。

通过分析可知，珠三角、长三角和环渤海三个区域经济系统的构成要素和组织运行方式都是不一样的，三者相比较珠三角经济系统中市场的作用大一些，长三角经济系统中市场与企业共同起主导作用，环渤海经济系统中政府的作用突出一些。这些都说明区域经济系统的构成要素之间的相互作用是复杂的，系统与外部的相互作用也是复杂的，很难用单一的模式去反映所有的区域经济系统的运行。

从珠三角、长三角和环渤海三个区域的实际来看，区域经济系统中各个构成要素并不在同一个层次上。自然资源条件、技术创新、产业结构、公共政策与服务（政府）是核心要素。自然资源条件、技术创新、产业结构、公共政策与服务（政府）这四个核心要素形成了区域经济系统构成要素的第一层次，即区域经济系统构成要素的核心层次。其他诸如资本要素、劳动力要素、企业要素、交通要素、教育要素等要素对区域经济社会发展的作用，往往要通过与自然资源条件、技术创新、产业结构、公共政策与服务（政府）这些核心层次要素中的一个或者几个相互作用，才能最终影响区域经济系统的演化发展。相对于核心层次而言，资本要素、劳动力要素、企业要素、交通要素、教育要素等形成区域经济系统构成要素的第二个层次。

序参量不是指起支配作用的要素或子系统，不是指区域经济系统中的自然资源条件、技术创新、产业结构、公共政策与服务（政府）等要素，而是指自然资源条件、技术创新、产业结构、公共政策与服务（政府）等要素之间所形成的相互作用关系。在区域经济系统中，这种相互作用的关系，突出地表现为自然资源条件要素对人与自然协调状态的追求、技术创新要素对产业提供技术支撑最大化的追求、产业结构要素对其不断合理化高度化的追求、公共政策与服务（政府）要素对公共利益的责任。抓住这些序参量的相互作用，也就抓住了区域经济系统协同发展的关键机制。

8.2 互联网作为序参数对京津冀协同发展的作用

互联网的高速发展和深度融合，已经开始渗透生活的每个角落，互联网金融、互联网生活、互联网商务等已经深刻影响着每个现代人的神经，改变人们的生活方式。在此背景下，以互联网的思维思考京津冀协同发展就成为必然。

8.2.1 互联网思维的本质

网络经济的内涵在于整个社会经济的运行都已经网络化，网络不再仅仅是一种信息交流的渠道和模式，而且已成为一个吸纳、承载人类生产、生活和工作的大平台，这是一种全新的生存方式。

以互联网为代表的当代信息网络仍然是网络经济的核心，而信息也就理所当然地成为网络经济最核心、最重要的资源。信息的收集、整理、传播和增值则是互联网最基础的价值所在。对于信息的作用主要集中体现在以下几个方面：第一是多，使用者众多、有价值的信息被资源整合，信息储存量大。第二是快，能够不受空间限制来进行信息交换、信息交换更新速度快、交换信息具有互动性。第三是省，信息交换成本低。第四是好，信息交换容易满足个性化需求，信息交换能以多种形式存在（视频、图片、文章等）。

可以假设网络经济和网络信息是互联网思维的代表，信息的收集、整理、传播和增值等功能所构建的互联网信息平台就是互联网思维的载体。

8.2.2 “网络经济和网络信息流”序参数分析

在区域经济系统、文化系统这种复杂系统中，“网络经济和网络信息流”很可能成为决定区域系统演进的序参数。网络经济和网络信息流带动着区域产业结构的调整方向和整个系统的发展方向。区域产业结构的调整，正是通过对网络经济和网络信息流的规划来实现的。因此可以认为网络经济和网络信息流符合区域经济系统、文化系统序参量的理论条件。

（1）网络经济和网络信息流是宏观参量。

网络经济和网络信息流是各子系统（区域中各个行政区、各产业之间、各价值链之间）间相互作用产生的整体行为，不能是某个行政区、某个产业或某几个产业的独立行为。网络经济的发展取决于社会供给和需求的满足过程，不是个体行为的表征；网络信息的流动是根据各子系统间的信息势差而进行的，是跨越子系统进行的。

（2）网络经济和网络信息流是各行政区之间、各产业之间碰撞、合作的产物。

区域协同系统的序参数是各区域中各个行政区间集体碰撞、合作的产物，是能够衡量合作效应的参量，即序参数是内生的参量；京津冀之间要进行协作，必然产生信息流，现代信息流的载体以互联网为主要平台；同时，各产业之间，各个产业链条都会自觉运用互联网商务的形式开展各种合作，因此网络经济的发展也是随之而生的合作产物，是内生的参量。

（3）网络经济和网络信息流能够主导京津冀地区之间和产业之间的协同演化过程。

当京津冀对于某个产业的规划或者心理定位有某种特定方向的时候，信息流动能够带动该产业向确定的方向行进。甚至由于网络经济的利益驱动，能够使发展向更趋于合理的方向前进。由于网络经济和网络信息流的存在，各行政区之间的相关行为也受到一定的约束甚至是驱动，役使这些行为为区域协同演进服务。

（4）随着时间的推移，网络经济能够因协同而更好发展，网络信息流也能更通畅和高效。

时间越久，区域协作越成熟，序参数的成长越顺利，序参数就能够更好地发展；网络经济的发展与产业结构的合理化程度有很大关系，产业结构越合理，网络经济就越发达，随着京津冀区域协同的演进该大区的各种产业产业结构将更趋于合理，网络经济就能够更好地发展，同时也能够对该区域的产业结构产生影响，带动产业结构的进一步优化。同样，由于协同的研究，区域间的各种信息沟通需求增长，导致信息势差增加，提高网络信息流的通畅程度和效率。又能够反过来带动区域间的协调沟通，使协同更顺畅。

（5）网络经济和网络信息流是以互联网信息/商务平台作为载体的，比较容易把握。

序参数的选择要易于把握，能够人为推动该参数的发展，以带动区域间协作系统的演进；网络经济和网络信息流的载体是互联网信息/商务平台，是比较容易把握，能够人为推动的一种常见互联网存在形式，互联网平台的合理运营和高速增长，能够带动京津冀地区协同系统的演进。

8.2.3 序参数与子系统间关系

根据哈肯对序参数的描述，序参数由单个部分的协作而产生，反过来，序参数又支配各部分的行为。网络经济和网络信息流作为京津冀协同发展可能的序参数，与京津冀协同系统中各子系统间的关系也具备同样的情形。比如传统制造业产业链子系统与网络经济和网络信息流之间的关系，可以进行如下分析：

相对于传统制造业，北京的定位将是以高端服务为主，即对外贸易、产品设计、数据服务、金融服务等方面；天津的定位将是以中低端服务为主，即销售、物流、包装等方面；河北的定位将是以低端服务和生产制造为主，即内销、采购、加工等，三地的各种业务构成了一个较为完整的产业链。

在产业链条上的各个环节间的沟通以现有科技手段来判断，最大的可能是通过互联网商务/信息平台进行，由北京等地的外贸、内贸信息为驱动，使需求信息流向河北的产品产地；同时需求和供给驱动信息向天津流动，产生物流信息。随着物流活动的进行及结束，驱动信息向北京流动，产生资金流信息，资金流再通过北京金融机构向河北产品产地流动，形成了一个循环往复的信息链条，这个信息链条是沿着产业链的方向和逆着产业链的方向，形成不少于两道信息流。由此可见，网络信息流的产生是由各部分协作而产生的，同时也产生了网络经济。

反过来，信息流会随着互联网信息平台的建设完善，而具备支配各部分行为的作用，因为信息平台的发展是由于经济利益的驱动——网络经济，所以为了取得长足的发展，信息平台会不断完善服务，促使平台使用各方达成交易，使交易双方获得应有的效益，所以能够役使三地产业链各环节运营方的行为。

序参数与子系统间的关系可以用图 8－1 表示。

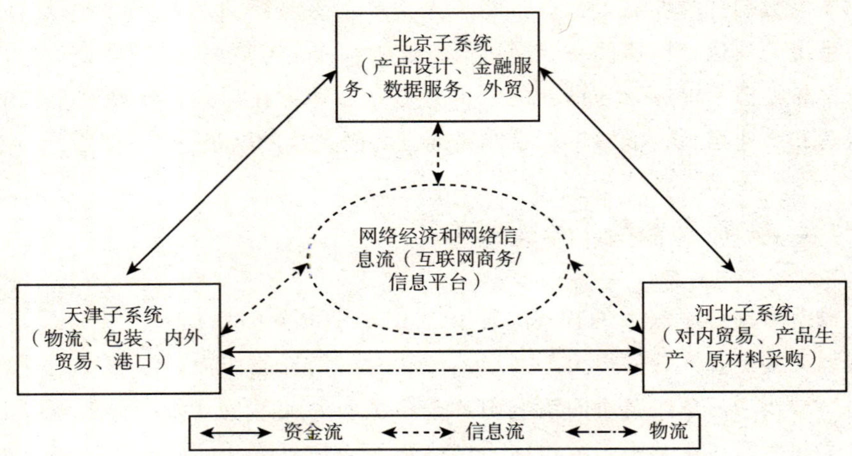

图 8－1　网络经济和物流信息流与三地制造业产业链各环节关系

根据以上分析和图示，可见作为参数，网络经济和网络信息流是由北京子系统、天津子系统和河北子系统相互作用产生的，并且随着时间的推移，该参数又能够支配三个子系统的行为，是完全符合哈肯对序参数的描述的。

8.2.4　新序参数下京津冀协同机制模型构建

认识协同理论内涵与本质的较全面认知，重点是要研究协同机制。机制一旦形成，就对区域协同系统自我作用，使系统处在自平衡状态，按一定的规律影响并支配其生存和变化。要研究协同机制，就必须通过构建协同机制模型来加以分析说明。

1）协同机制模型构建思路

京津冀协同机制模型的构建，要在深刻探究协同学的思想内涵和本源的基础上，尊重协同机制的普遍性和规律性的同时来进行。

（1）确认协同目标和系统目标的关系。协同目标和整体目标在表达上可能是不同的，但在深层次含义方面应该是一致的，都是希望能够在整合各方资源、行为的基础上，实现整体利益的最大化。协同目标可能还需要考虑子系统的利益与系统总体利益的关系。

（2）评估现实发展水平和理论发展水平间的差距。即对协同目标进行评估，根据评估结果，为整个系统的输入量增加反馈量，调节整个系统的输入，以达到输出协同目标的优化。

（3）协同机制模型构建后，协同系统应该能够实现自我发展，对外界的依赖程度比较低，形成一个可调节的自适应系统，调节的渠道即为对序参数的驱动。这种系统是在充分尊重市场经济作为主导力量的基础上，使政府对协同系统既有调节途径，又不至于干预过度。

第四，协同实现过程。一是协同机会识别，包括考虑京津冀信息差与互联网经济要素等，寻找京津冀协同系统中的协同机会；二是协同系统中间要素协同价值判断，通过对协同系统的中间变量的协同价值评判，用以比较各个要素对于协同的贡献程度，保证协同过程的顺利进行；三是序参数的选择，通过对各中间变量的评判，结合识别的协同机会，明确对协同系统影响最大的主宰参量——序参数；四是协同目的的对比，协同结果与协同目标对比，形成反馈信息；五是对序参数的管理，序参数作为协同系统的输入变量，需要为实现协同目标进行微调，调节变量为反馈信息和政府政策及资金，这种微调属于序参量管理的范畴，目的是能使作为系统输出的协同结果能够无限接近设定的协同目标。

2）京津冀协同机制模型

根据协同机制模型构建思路，可以构建出以协同系统本源思想为基础的系统模型，该模型的特点是以协同序参数的选择与管理作为主线的。模型如图 8 – 2 所示。

选择网络经济和网络信息流作为京津冀协同发展的序参数，已经明确了京津冀协同发展的方向，就是三地分工以互补的环节分布在各个产业链条上，北京发展高端服务业、天津发展中高端服务业及高端生产、河北定位中低端服务业、生产制造及资源产业。在这种定位下，协同发展的目标就是努力使产业链条的各环节，能够以序参数作为指挥棒，做到协调发展，使整个产业在分工有序的状态下良好运转，根据第四部分构建的京津冀协同机制负反馈控制系统模型，对所选序参数的管理要遵从以下几条原则：

（1）在京津冀协同系统处于临界状态时（即系统将发生显著变化时）要

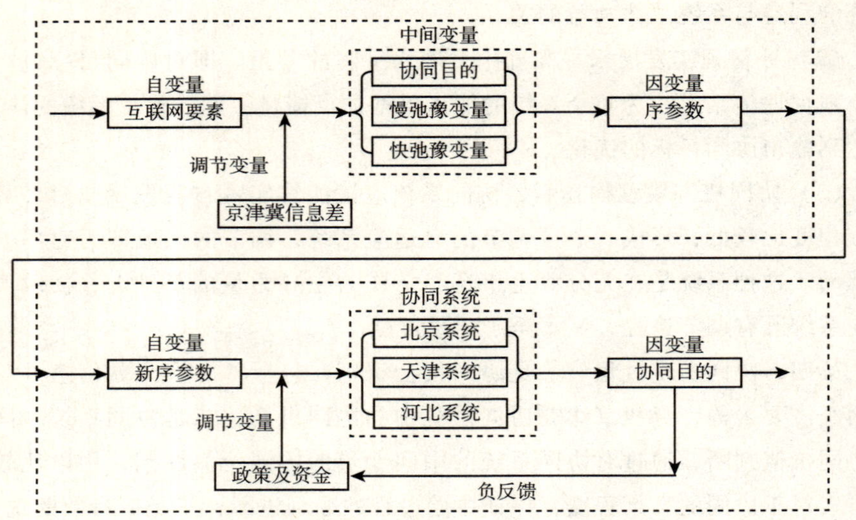

图 8－2　京津冀协同机制负反馈控制系统模型

创造好条件。当京津冀协同系统处于即将发生显著变化的临界状态时，要为强化或者突出所选择的序参数积极创造各种条件，通过政策和资金的支持，有意识地促使京津冀协同系统向规划所期望的某一方向发生变化。

（2）在京津冀协同系统处于临界点附近时要注意控制。当协同系统处于临界点附近时，要及时控制序参量的变化，通过资金支持杠杆，撬动互联网商务/信息平台，使各子系统系统通过选择，向规划预期的方向演进，朝着协同机制完善的方向发展。

（3）在协同系统向预期方向演进后，后续完善互联网商务/信息平台的功能，继续强化序参量，使平台产生自组织效应，进一步促使京津冀协同系统达到新的稳定有序。

（4）对协同系统输出的协同结果进行评估，使之产生反馈信息，依照反馈信息，为序参数输入适当的调节量，以矫正系统输出结果。

9 基于网络经济的京津冀产业协同实证研究

9.1 京津冀农业产业网络经济协同发展研究

农业作为我国传统弱势产业，在“十二五”期间，促进京津冀地区农业产业区域经济一体化协同发展刻不容缓。京津冀地区农业发展水平极不均衡，在北京、天津和河北省中部地区农业经济发展水平相对较高，其他地区多为传统粗放型经济模式。要实现农业产业现代化及向集约化发展，必须发展农业信息化。互联网、电子商务作为影响经济发展的重要因素，对生活方式、生产方式等具有革命性的影响。作为个体间的协同工具，互联网平台也具有破除信息壁垒的独特优势。要实现京津冀三地农业产业的顺利转型升级，需要打破信息壁垒，以信息主导传统农业产业的区域布局结构转型。

本节以京津冀 13 个地区为研究对象，建立农业网络经济评价指标体系，通过复杂网络研究方法研究京津冀农业网络经济区域一体化发展，从而为制定京津冀农业产业区域一体化规划提供参考。

9.1.1 评价指标体系构建

国内学者针对农业经济建立了众多评价体系。李林杰构建了基于生产、流通、分配和消费四个环节的农业经济宏观评价指标体系。毛晓丹提出了基于农业资源条件、农业经济社会发展条件、农业资源投入条件和资源循环利用条件的四类评价指标体系。董峰利用 AHP 方法分析农业循环经济发展，提出了社会经济发展、资源减量投入、资源再循环利用和生态环境的四层次评价指标体系。易法敏、容贤敏对广东省 40 家农业企业网站调研基础上，提出了信息、功能、技术和知名度四级指标评价体系，指出技术水平不成为农业网站的差异性指标，信息和功能水平成为影响农业网站电子商务水平的主要因素。以上研究采用聚类分析和层次分析等方法对我国不同地区农业经济发展进行了评价。但现有研究对农业经济起辐射带动作用的农业龙头企业如何利用网络开展电子商务经营活动，不同特点地区如何利用网络发展本地农业经济及协调地区之间的经济目标与关系等方面还有所缺乏。

综合现有农业经济指标体系构建的相关研究，借鉴京津冀统计年鉴对农业经济的统计体系，采用了3个维度和2级指标来衡量农业网络经济建设。第一维度农业经济社会发展基础环境维度要体现各地农业发展基础实力，选择了农村经济收入和村镇企业经营两个一级指标。第二维度农业网络经济水平特征维度要体现农业龙头企业依托网络的辐射带动作用，选择了龙头企业基础和门户网站数量两个一级指标。第三维度龙头企业扩散维度要体现龙头企业电子商务开展情况，选择门户网站评价作为一级指标。通过这三个维度建立的指标衡量体系基本能够对京津冀农业网络经济进行测评，具体指标如表9-1所示。

表9-1　基于3个维度和2级指标的地区农业网络经济评价指标衡量体系

维　度	一级指标	具体指标
农业经济社会发展基础环境	农村经济收入	农业经济总收入（亿元） 农民人均纯收入（元/人）
	村镇企业经营	乡镇企业经营收入（亿元） 村集体经济家数（家）
农业网络经济水平特征	龙头企业基础 门户网站数量	各地农业龙头企业数（家） 建有门户网站龙头企业数（家）
龙头企业结果扩散	门户网站评价	门户网站功能指标评价 门户网站 PR 值

9.1.2　研究方法和数据

1）复杂网络建模

京津冀13个地区之间的关系即节点间距离被视为是无方向性的，所以构建的地区间关联复杂网络是无向网络，地区之间的关系被视为有权重的节点对连接关系。对于无向权重复杂网络模型，把京津冀13个地区设为网络节点，京津冀农业网络经济发展的三个维度指标构成的评价体系设为节点属性，将各个地区农业网络经济发展指标数据标准化处理后建立如下标准分数矩阵：

$$M_{ij}=\{M_{ij},i=1,2,\cdots,I;j=1,2,\cdots,J\} \tag{9-1}$$

用（9-2）式计算无向权重复杂网络 r 和 s 地区之间在农业网络经济发

展各方面的相似度：

$$A_{rs} = 1 - \frac{\sum_{j=1}^{J} M_{rj} M_{sj}}{\sqrt{\sum_{j=1}^{J} M_{rj}^2} \sqrt{\sum_{j=1}^{J} M_{sj}^2}} \tag{9-2}$$

上式计算的相似度取值范围为 0～1 之间，r 和 s 地区农业网络经济指标相似度构成地区节点间的关系。两地区之间的距离可用指标相似度表示，通过计算各地区之间的相似度，来构建这些地区的相似度矩阵。在这一阶段，若将全部的相似度看作为网络中节点的边的权重，则将构建一个全局耦合网络，这是一个最稠密的网络。这将会使一些相似性较低的节点被连接起来，而这些节点又不大可能是在同一聚类中，一般做法是引入一个加权参数 a 作为两个地区节点是否建立连边的阈值，若 $sim(x_i, x_j) < a$，则地区 x_i 和 x_j 之间不建立连边；若 $sim(x_i, x_j) \geq a$，则地区 x_i 和 x_j 之间建立以 $sim(x_i, x_j)$ 为权重的连边。由于本研究地区节点数偏少，很难确定阈值，故采用一个指定数值作为每个节点与若干最近节点相连的最多上限，只选择那些与自己距离最近，即相似度最大的若干节点建立关联，作为判定自己在京津冀 13 个地区中的位置和发展的参考。

2）数据处理

评价指标体系中农业经济社会发展基础环境维度包括农村经济总收入、农民人均纯收入、乡镇企业经营收入和村集体经济数 4 个具体指标。具体指标数据见表 9－2，相关数据引自北京、天津农村工作委员会 2013 年统计报告及河北省农经总站 2013 年统计数据。

表 9－2 京津冀农业网络经济基础环境数据

地区	农村经济总收入（亿元）	农民人均纯收入（元/人）	乡镇企业经营收入（亿元）	村集体经济数（家）	龙头企业数（家）	企业网站数（家）	企业网站功能测评	门户网站PR值
北京	5170.70	18337	874.60	3985	172	113	5.892	0.875
天津	4780.54	15405	845.23	3724	222	115	5.2136	0.7415
石家庄	2577.68	7508	22.64	2248	48	21	4.9048	0.55
廊坊	2470.01	8000	35.74	1365	41	19	4.4737	0.3333

续表

地区	农村经济总收入（亿元）	农民人均纯收入（元/人）	乡镇企业经营收入（亿元）	村集体经济数（家）	龙头企业数（家）	企业网站数（家）	企业网站功能测评	门户网站PR值
衡水	1590.53	5686	434.33	2937	39	12	4.8333	0.4545
唐山	3130.03	8459	750.63	3035	43	20	5.25	0.4211
秦皇岛	660.66	6514	38.18	347	36	16	3.875	0.4667
邯郸	2519.43	7299	41.39	1359	47	21	5.1429	0.45
邢台	1693.80	7478	206.00	2155	40	19	4.8421	0.4444
保定	1932.01	5426	237.92	2793	45	14	4.5	0.6429
张家口	506.98	5380	10.68	1618	34	7	5.1429	1.1667
承德	292.50	4199	7.98	545	39	21	4.5238	0.6
沧州	2097.89	5721	180.18	2288	42	19	4.3158	0.5

以北京市、天津市和河北省省级农业产业化龙头企业为调查对象，在百度等搜索引擎上进行详细的网络调查记录。如果农业产业化龙头企业建有门户网站，记录其门户网站网址，通过调查结果，北京市172家市级龙头企业有113家建有门户网站，天津市222家市级龙头企业有115家建有门户网站，河北省454家省级农业产业化龙头企业中有187家建有门户网站，具体统计数据如表9-2所示。

通过对企业门户网站中企业介绍、产品宣传、网上销售、企业新闻、在线支付、在线服务、网络广告和人力资源这8个功能指标来考察京津冀地区农业龙头企业门户网站功能情况。点开企业门户网站，对网站的8个功能应用情况分别打分，形成企业网站功能测评数据，打分平均数据见表9-2。PR值是百度衡量网站重要性的关键指标。对京津冀地区农业龙头企业网站在站长之家进行PR值查询，各地区农业龙头企业门户网站PR值平均数据见表9-2。

9.1.3 分析与结果

根据京津冀地区关联复杂网络模型，结合京津冀13个地区在三个维度各具体指标的数据，计算各指标的相似度形成相似度矩阵，构建京津冀地区农业网络经济地区关联复杂网络，对此复杂网络利用 UCINET 软件从农业网络经济宏观整体情况、微观子群情况展开如下分析。

1）京津冀农业网络经济宏观整体情况分析

对京津冀 13 个地区在农业经济社会发展基础环境、农业网络经济水平特征、农业龙头企业结果扩散三个维度的各具体指标数据分别进行相似度矩阵的处理，按照最多 4 边限制法取其相似度最大的四条边设定节点关系，从而构建出基于三个维度的农业网络经济地区关联复杂网络，把相似度矩阵导入 UCINET 软件，用软件画出京津冀各地区节点在三个不同维度的复杂网络图，见图 9－1 的（a）、（b）、（c）。

通过利用节点的强度和边的权重，自适应分割网络，将网络划分成一个一个的子类，形成多个聚类。从而，将地区聚类问题转换为基于相似度的有权网络聚类问题。本研究通过地区节点的节点度、介数和紧密度对地区关联复杂网络模型进行聚类分析。节点度表示与该节点直接相连的节点数目，节点介数定义为网络中所有最短路径中经过该节点的路径的数目占最短路径总数的比例。介数反映了相应的节点在整个网络中的作用和影响力，介数越大就越容易发生拥堵。地区关联复杂网络的节点介数定义：

$$B(r) = \sum_{s,t \in N} \sigma(s,t|r) \tag{9-3}$$

其中，$\sigma(s, t|r)$ 是指地区 s 和 t 之间在相似性方面经过地区 r 最短路径的条数，N 是所有地区构成的集合，地区 r 的紧密度，是指该地区在相似性方面到达其他地区的最短路径长度之和：

$$C(r) = \sum_{s=1}^{N} d_{sr} \tag{9-4}$$

其中，d_{sr} 表示地区 r 在相似性方面到地区 s 的最短路径长度。介数大和紧密度小的地区是复杂网络中的核心地区，这些地区可用于宏观地把握和评价整个地区体系。

把京津冀 13 个地区节点在地区间复杂网络中的介数和紧密度进行排序，取其中介数排名前 7 的地区和紧密度倒排名前 7 的地区，见表 9－3。排序表中农业经济社会发展基础环境维度的北京、天津、石家庄、廊坊 4 个地区，农业网络经济水平特征维度的保定、衡水、张家口、北京、邢台 5 个地区，

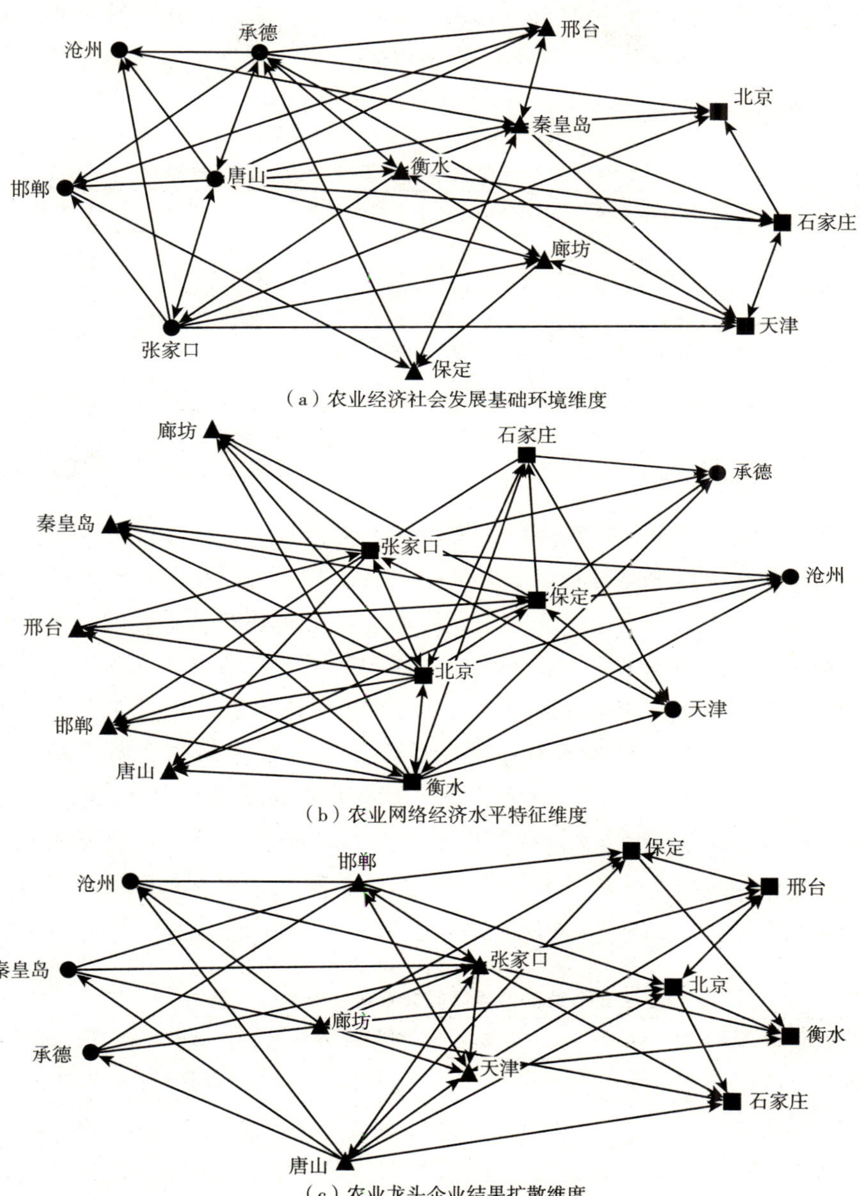

（a）农业经济社会发展基础环境维度

（b）农业网络经济水平特征维度

（c）农业龙头企业结果扩散维度

图 9－1　农业网络经济三个维度的地区复杂网络关系图

龙头企业结果扩散维度的邯郸、北京、保定、天津4个地区同时出现，这些地区可以作为京津冀地区农业网络经济代表，用来分析京津冀地区农业网络经济发展概况。

表9-3　　基于三个维度的地区间复杂网络节点介数和紧密度排序

农业经济社会发展基础环境维度				农业网络经济水平特征维度				龙头企业结果扩散维度			
地区	介数	地区	紧密度	地区	介数	地区	紧密度	地区	介数	地区	紧密度
秦皇岛	20.667	邢台	34	保定	9.500	石家庄	41	张家口	9.333	北京	43
北京	17.769	石家庄	40	衡水	9.500	北京	42	廊坊	6.917	天津	46
承德	17.058	北京	41	张家口	9.500	邯郸	46	唐山	6.917	石家庄	50
衡水	14.387	天津	44	北京	8.500	邢台	49	邯郸	5.917	衡水	53
天津	14.080	邯郸	48	承德	2.500	张家口	50	北京	5.333	保定	53
石家庄	13.568	保定	50	天津	2.500	保定	56	保定	4.333	邯郸	55
廊坊	6.356	廊坊	52	邢台	1.500	衡水	58	天津	3.000	邢台	56

2）京津冀农业网络经济微观子群分析

用k-Plex方法来划分地区关联复杂网络子群，把根据节点间距离远近形成的地区子群进行分类。k-Plex方法是基于节点度基础上子群的一种分析方法。对于一个网络图来说，如果存在这样一个子图，则可称它为n-派系：在网络子图中，该子图中的任何两点之间的最短距离不超过n。k-Plex即满足以下条件的凝集子群：假如子群中有n个节点，子群中的每个节点都至少与$n-k$个节点直接有边相连，即该子群中的每个节点度数都大于或等于$n-k$。运用k-Plex方法，当k=2，结点规模为5时，将农业经济社会发展基础环境、农业网络经济水平特征和龙头企业结果扩散三个维度地区间复杂网络计算分为三个子群，如表9-4所示。

表9-4　　基于三个维度的地区间复杂网络子群分析结果

农业经济社会发展基础环境维度		农业网络经济水平特征维度		龙头企业结果扩散维度	
组别	地区	组别	地区	组别	地区
第一子群	北京、天津、石家庄	第一子群	石家庄、北京、衡水、保定、张家口	第一子群	衡水、邢台、保定、北京、石家庄
第二子群	廊坊、衡水、秦皇岛、邢台、保定	第二子群	邢台、邯郸、天津、唐山、廊坊	第二子群	天津、沧州、廊坊、唐山、张家口

续表

农业经济社会发展基础环境维度		农业网络经济水平特征维度		龙头企业结果扩散维度	
组别	地区	组别	地区	组别	地区
第三子群	邯郸、唐山、张家口、承德、沧州	第三子群	秦皇岛、承德、沧州	第三子群	秦皇岛、承德、邯郸

结合表9－2的数据可以看出，农业经济社会发展基础环境维度三个子群间差异较大，第一子群中的农村经济总收入平均为4176.3亿元及农民人均纯收入平均为13750元/人，其中又以北京和天津为最高，具有良好的农业经济基础，地区农业经济社会发展基础各项农业经济基础指标数据均高于其他地区，总体发展水平较均衡；第二子群的各项指标发展参差不齐，其中农村经济总收入相对较高，农民人均纯收入和乡镇企业收入较低，地区农业经济社会发展基础环境总体水平低于第一子群；第三子群各项经济基础数据均较低，地区总体发展总体水平不高，在农业基础建设方面还需要加大投入。农业网络经济水平特征维度第一子群与另两个子群有较大差异，第一子群在龙头企业数量及开设门户网站参与电子商务比例方面均高于其他两个子群，显示了其在地区农业网络经济的核心主导地位；第二子群和第三子群差异不显著，第三子群地区龙头企业参与电子商务比例偏低。农业龙头企业结果扩散维度三个子群间差异较大，第一子群各地区农业龙头企业电子商务应用总体水平较高，其中北京有7家农业产业化龙头企业将企业门户网站与第三方电子商店进行了整合，形成了以北京顺鑫农业、北京三元食品和石家庄君乐宝乳业为代表的高层次电子商务门户网站，并带动了本地区农业网络经济的发展；第二子群各地区农业龙头企业电子商务应用水平略低于第一子群且发展不均衡，其中以天津的完达山乳品和张家口的长城葡萄酒为代表的企业网络营销效果比较突出，其他龙头企业网络营销水平较低，其门户网站多数属于信息发布型网站，第二子群地区应提高农业龙头企业电子商务应用水平，保持地区农业网络经济均衡发展；第三子群各地区农业龙头企业电子商务应用整体发展水平较低，门户网站综合评价较低，应在发展过程培养地区网络经济标杆企业，从而引导并带动地区网络经济快速发展。

3）京津冀农业网络经济综合发展水平分区

对农业网络经济综合水平分区，可以揭示不同地区的突出问题和主要矛盾，指导地区农业网络经济发展。通过对地区农业网络经济各模块的详细描述分析，可以了解各地区在三个维度方面的基本情况，但是要挖掘核心节点地区，还需要对此网络的聚集系数进行分析。在复杂网络中，若某些节点的聚类系数较高，度值也较高，则说明该节点在网络中具有一定的主导地位。加权聚集系数为有向复杂网络中表示网络节点近邻之间聚集性质的一个统计参数，聚集系数越高，表示近邻节点之间的关联程度越紧密，反之越松散。地区关联复杂网络就属于加权复杂网络，权重表示两个节点之间关系的紧密程度，权重越大，关系越紧密。本研究将加权聚集系数定义为

$$C^{w}(i) = \frac{1}{k_i(s_i - 1)} \sum_{j,k} \frac{(w_{ij} + w_{ik})}{2} a_{ij} a_{jk} a_{ki} \qquad (9-5)$$

其中 W_{ij} 代表节点（i，j）边的权重，k_i 代表节点 i 的点强度，s_i 代表节点 i 的度数。$a_{ij}a_{jk}a_{ki}$ 代表三个节点之间是否相互有关联，值为 0 表示它们之间没有关联，值为 1 表示它们之间有边相关联，如果三者之间均有关联，表示它们构成一个三角形。加权聚集系数值越高，代表该地区在子群中位置越重要。

建立节点加权聚集系数与点强度的分布发现，两者之间并没有表现出良好的相关性，地区关联复杂网络表现出较高的复杂性。综合软件计算结果和表 9－2 中的数据，把京津冀 13 个地区的农业网络经济综合发展水平划分为三个分区代表三个农业网络经济综合水平层次，见表 9－5。

表 9－5　各地区综合发展水平分区

分区	名称	地区
Ⅰ区	中部核心发展区	北京、天津、石家庄、保定、廊坊
Ⅱ区	外围扩展发展区	衡水、张家口、邢台、邯郸、唐山
Ⅲ区	边缘辅助发展区	秦皇岛、承德、沧州

中部核心发展区（Ⅰ区，主要包括北京、天津、保定、廊坊和石家庄）农业经济基础发展水平最高，地区人口密度大，农业龙头企业聚集且数量多，农业资源和科技投入最高，农业网络经济三个维度整体具有明显优势，区域内各地区均有知名品牌企业和大型现代化农业园区带动当地网络经济整体水

平提高。其中北京昌平国家农业科技园区和北京农科城充分发挥电子商务平台推广优势，利用平台整合中部核心发展区龙头企业资源，打造中部地区富有优势的生物种业、林果和蔬菜等优势品牌产业链。天津地区农业龙头企业最多，但是开设门户网站比例偏低，需要提高农业企业电子商务应用水平。石家庄、保定和廊坊龙头企业开设门户网站比例较高，农业经济基础较好，协同京津两地构成的中部核心发展区有利于辐射带动其他地区农业网络经济快速发展。

外围扩展发展区（Ⅱ区，包括唐山、张家口、衡水、邢台、邯郸）在农业经济基础及农业网络经济发展水平方面次于中部核心发展区，该区域突出特点是特色农业产业十分突出，例如张家口地区的葡萄酒酿造、衡水地区的养殖业和唐山地区的林果业，该区域的农业基础环境发展较好，应该充分利用其农业基础环境培育龙头企业优势品牌，关注农业网络经济对地方农业经济整体的影响，加强网络营销使整体水平再提高一层次。

边缘辅助发展区（Ⅲ区）的承德、秦皇岛和沧州均处于京津冀地区边缘，该区域农业经济基础和农业网络经济发展水平偏低，龙头企业带动作用不明显，没有进一步挖掘区域内的特色农业产业。该区域应加大对农业基础环境的投入，为农业网络经济建设提供良好环境，加大农业科技投入，辅助京津冀其他地区开展农情监测，从而促进地区农业经济快速发展。

9.1.4 结论

通过复杂网络分析方法，构建了基于京津冀农业网络经济发展水平的地区关联复杂网络模型，从宏观和微观层面对该模型设定了解析参量，进而从三个维度对该复杂网络模型进行了演化。研究发现：农业经济社会发展基础环境、农业网络经济水平特征和农业龙头企业结果扩散三个维度的京津冀农业产业网络经济地区关联复杂网络属于无向权重复杂网络，各维度的复杂网络各有特色；基于节点介数最大和紧密度最小的分析，针对三个复杂网络分别给出了代表地区；地区关联复杂网络三个维度分别可以分为三个子群，每个子群的特征较明显；农业网络经济水平特征和农业龙头企业结果扩散两个维度的子群间相互渗透性较低，区分结果较好；运用聚类分析方法，将京津冀农业网络经济综合发展水平分成三个分区，提出三个分区协同发展战略。

9.1.5 建议

要实现京津冀地区农业网络经济协同发展是非常复杂艰巨的系统工程，必须有强有力的政策支撑体系给予保障，有众多涉农企业积极参与电子商务，才能使农业网络经济顺利发展，最终实现农业可持续发展。

1）强化政府引导职能为农业网络经济提供良好发展环境

政府部门应主动发挥宏观调控作用，制定相应适合京津冀农业产业开展电子商务的总体规划和发展步骤，加大对政府农业服务网站的建设及投入，大力发展农业产业化组织规模，促进农业科技在农业产业化中的应用。制定相关政策和法规，加强涉农部门之间的信息共享机制，严格监管农产品市场，保证农产品在三地间的有效流通。建立农产品网上交易管理部门，专门负责对农业龙头企业门户网站和农产品交易第三方平台进行监管。控制、指挥及协调京津冀三地农业产业化经营组织之间的关系，合理引导交易，推进电子商务在农业产业化中稳定发展。制定扶持政策鼓励三地农业产业化经营组织开展电子商务以深化农民对电子商务的参与度。因此，加强政府引导，为发展农业电子商务创造良好环境，促进京津冀地区农业产业网络经济的协同发展。

2）利用电子商务协同平台实现农业产业顺利转型升级

第一，把小规模分散经营的农户通过电子商务平台组织起来，发挥京津冀地区农业龙头企业带动作用，利用多种组织形式与农户建立联结关系，联接的对象也可以包括农业大户或者农业合作社，从而集中小规模分散经营形成虚拟经济实体，实现规模化。这种虚拟经济实体解决了农户信息不对称问题，利于促进农民增收。第二，农业龙头企业门户网站由信息发布型改变为综合电子商务平台，使电子商务平台形成面向供应商和最终客户的资源优化和利益最大化的供需价值链，从而利于企业在内外部和上下游开展协同电子商务，使农业龙头企业门户网站升级为企业协同平台。第三，建立京津冀农业产业区域间的联合，发挥龙头企业协同平台优势，促进三地农业信息流动及商业模式转型，形成一套合理的协同机制，以此带动传统农业产业转型升级的顺利进行和区域间的协调发展。

3）发展以产业园区为核心的农业网络经济实现规模经营

产业化是提高农业园区效益、增强示范功能的必由之路。结合京津冀三地农业特色产业，制定优惠政策，在河北省特色农产品聚集地区建设一批现代化农业电子商务产业园区，推动龙头企业集群集聚，提升地区特色农业产业竞争力，与北京昌平国家农业科技园区和北京农科城等京津地区大型农业园区形成以点到面的协同合作网络，发展相关配套产业形成规模效应。通过园区电子商务平台整合农企资源，通过建立合理的土地流转机制等途径，逐步推进以农业龙头企业带动型的适度规模化经营。完善平台交易体系，从而实现农业产业集约化、特色农产品开发、农业生产新技术应用和优势农产品品牌化设计。围绕优势特色产业，发展农产品深加工和休闲观光农业等新型业态，争取重点引进一批龙头型、基地型农业大项目。园区内构建“科技+商业”的特色农业产业链，把园区电子商务平台打造成农技成果转化平台，依托京津冀协同发展的政策，初步形成以京津冀辐射全国的农业科技协同创新的生态圈。

9.2 互联网+河北县域特色产业商业模式创新路径

京津冀地区工业产业情况较为复杂，涉及大多数产业的转型升级、北京地区高污染高耗能企业的外迁、河北地区钢铁产业的淘汰过剩产能、天津河北地区产业衔接等多方面的问题。本部分仅对河北省县域特色产业集群的转型升级进行简单探讨，其他问题将另行研究。

河北省县域经济发达，中小企业众多，企业竞争力普遍偏低；但同时，由于企业规模较小，企业的变革阻力较小，在相关政策的刺激下，有可能提高创新资源的配置效率，从而最大限度发挥区域创新体系的创新功能。企业的创新需要外界对创新需求的刺激，“互联网+”概念的提出，极大地刺激了河北省县域特色产业企业的创新需求，“互联网+特色产业”的商业模式创新就成为首要的创新需求，因此，对于商业模式创新思路的研究就成为目前最迫切的需求。

对于商业模式的研究是学术界研究的热点。通过整理相关文献发现，学者们对于商业模式的研究主要包括商业模式的内涵、商业模式的分类、商业模式的创新三大块内容。其中，商业模式的创新作为企业价值实现的一种方式受到学者们的广泛关注。商业模式的创新性研究主要从三个层面进行：创新动力、创新途径、创新阻力。

在创新动力方面的研究成果相对较少，研究的视角主要包括：企业高管、技术驱动、企业绩效驱动、需求推动、政策导向等，比如肖挺（2013）研究高管团队对商业模式创新的作用；李长云（2012）认为新一代信息技术对商业模式的创新会产生很大影响；郭海（2014）研究认为，基于交易成本理论和资源依赖理论讨论了机会识别影响商业模式创新的两种机制：成本导向和资源导向；杜兰英（2014）则认为顾客需求对商业模式创新起着重要的推动作用；陈昭锋（2013）认为政府对商业模式的创新起到至关重要的作用。

在创新路径研究方面，里克特（Richter，2013）针对德国电业面临的问题进行分析，指出解决问题的关键在于商业模式的创新；王关义（2014）提出中国文化创意产业商业模式创新的路径有简化价值链，突出增值环节，以客户价值为重，整合资源，优化管理等；刘洪昌（2012）提出新兴产业创新的路径有：以顾客为主导、基于价值链视角价值链、对供应链整体进行改变的创新途径；李飞（2013）选取零售企业的案例，得出了这类企业商业模式创新路径为“顾客价值—销售方式—关键业务—核心资源”或“重要资源—关键流”。

本研究主要是基于“互联网＋”这一创新动力为背景和基础，研究以河北省特色产业集群转型升级为目的的“互联网＋特色产业”商业模式创新路径。

9.2.1 互联网+产业转型升级

产业转型升级，即产业结构高级化，是产业结构向经济、社会发展所需的方向发展。其关键是技术进步，传统产业引入先进技术，加以研究创新，建立适合自己的技术和商业体系。产业转型升级也可以看做是从低附加值、高能耗、高污染向高附加值、低能耗、低污染升级，从粗放型向集约型转型。

产业结构转型升级中“转型”的核心是转变经济增长的“类型”，而不是单纯的转行业。产业结构转型升级中的“升级”，既包括产业之间的升级；也包括产业内的升级。

总结以上内容，可以把产业转型升级简单理解为是以技术进步改变原有投入结构和产出结构。也可以把产业转型升级理解为是一个生产力提高的过程。

“互联网+”是把互联网与传统产业相融合，通过互联网技术的运用，带动产业技术进步，改变原有商业模式，使产业原有的投入结构产生变化，并提高劳动力水平，改变产出结构，使产业整体水平得以提升。

网络经济的发展，对生产力要素理论有着全面的影响，主要表现在：

（1）提高劳动力的信息获取、运用水平，使经济人从有限理性向高度理性转变，促进信息型劳动者的出现并快速增长。

（2）使劳动工具向网络化、智能化方向转变，大幅提高劳动工具内在的知识和信息量的同时，信息网络也成为公用或专用的重要劳动工具。

（3）生产要素范畴得到扩大，信息、数据、知识成为新的生产要素，并使传统生产要素得到更好的利用。

（4）为科学技术增加新传播渠道。使科技情报交流得以加强，为科技合作研究提供网络协同平台，使科技进步得以更好更快的发展。作为高科技，信息科技对社会和经济的渗透和带动作用不断被强化。

（5）使组合、协调生产力有关要素以提高它们综合效益的管理对生产力发展的决定性作用更加强化，导致管理科技甚至也成了高科技。管理信息化已发展到内网、外网、互联网相互结合的新阶段，并通过各种业务流程重组。使管理、协调生产、协同发展变的相对容易。

结合对产业转型升级的总结和网络经济对生产力的影响表现，能发现二者之间有明显的相关性，“互联网+”所代表的网络经济对产业转型升级的作用是全面且高效的，能够通过对产业生产力相关要素的改造，帮助传统产业实现高级化、纵深化、集约化方向转变，进而实现产业转型升级。

9.2.2 河北县域特色产业转型及其“互联网+”的发展方向

县域经济是具有县级行政区划为地域特色和功能完备的区域经济。河北省近年来根据自身资源、产业、文化等特点和传承，逐步构建了“一县一业”的县域经济产业格局。河北省共有涉及矿业开采加工、装备制造、电子信息、现代物流、石油化工、生态农业、生物医药、休闲旅游、节能建材、新能源等约170个的县域特色产业。

1）河北省县域特色产业转型升级发展方向

河北省县域产业最大的特点就是发展快，但后劲不足，原因主要有两方面：

（1）产业内部结构不合理。河北省多数县域产业内部结构呈现出以生产型企业为主体，销售型企业为辅助，产业服务型企业几乎没有的特征。

通过对《河北经济年鉴（2014）》各县（市）主要国民经济指标（2013年）中的数据统计比较分析发现：2013年河北省县域主要国民经济指标中，地区生产总值中第二产业和第三产业总体比值为：0.624：0.376；地区平均生产总值指数第二产业和第三产业分别为：110.5和108.5。从以上两组数据可知，在河北省县域产业结构中，第二产业比重远高于第三产业，且第三产业增速低于第二产业。

（2）企业规模普遍较小，资金和人员不足以推动技术升级。河北拥有制造企业约3500家，但销售收入超过10亿的企业不足100家，以中小企业为主体的民营企业，这些企业规模小、数量多，小企业研发投入不足是目前我国制造业普遍存在的情况，造成了这类企业技术升级缓慢。

基于以上两方面原因，河北省县域产业转型升级的发展方向就可以明确为：调整内部结构、推动技术升级。

2）“互联网+”目标分析

“互联网+”是网络企业、传统企业、政府共同希望做好，且能够切实推动经济发展、提高产业发展水平的事情。网络企业开展“互联网+”的主要目的是希望运用自身在互联网领域的优势，借助传统企业的产品，获取专业化竞争优势；传统企业是希望凭借自身的专业化产品优势，借助互联网企业的平台，拓展市场空间，获取渠道优势；政府则希望通过网络企业和传统企业的业务融合，带动经济发展的同时，提高产业发展水平，使传统产业结构向高级化方向发展。

三个主体开展“互联网+”的目的略有不同，其中属于服务业范畴的互联网企业主动性更强，因此，网络企业要想主动发展“互联网+”事业，就需要兼顾另外一个主体的诉求，在商业模式设计上充分考虑传统企业的关键需求的同时，考虑如何达到产业结构转型升级的目的。

9.2.3 河北县域特色产业开展“互联网+”的关键需求

1）关键需求点分析

河北省县域特色产业蓬勃发展，但企业规模普遍较小，在发展的过程中也遇到了很多问题和矛盾，突出体现在以下几个方面：融资难、品牌影响力低、产品技术升级难、国际国内产业信息获取成本高、设计能力几乎为零、交易机会萎缩等。

（1）中小企业融资难。

2014年中国人民银行连续定向降准，加大对小微企业、“三农”以及重大水利工程建设的支持力度。根据国信宏观固收研究资料分析，最近一次定向降准，将为城市商业银行、非县域农村商业银行释放资金约1000亿元，为农发行释放资金约150亿元。但这些政策并没有改变中小企业融资难的现状。

由于中小企业规模小，受经济景气性、金融环境以及行业变化的影响较大，这对于银行意味着还款的不确定性增加。在这种形势下，银行会尽量少贷或不贷给中小企业资金以规避风险，这在一定程度上阻断了中小企业的主要融资渠道，加大了中小企业的融资难度。

河北省60%以上的中小企业的信用等级都在3B类或者3B类以下，而银行放款的对象80%集中在3A类和2A类企业，信用的不足直接制约着河北省中小企业的外源性融资。

（2）品牌影响力低。

河北省企业界名牌产品数量少、规模小、档次低、寿命短的特点是长期困扰企业品牌发展的难题，尤其是中小企业，品牌建设投入少，导致市场生存空间狭小。大多数县域中小企业品牌知名度非常低，且由于品牌建设意识较低、建设成本高等原因，导致品牌发展缓慢。同时，原有知名品牌对市场的壁垒作用明显，使中小企业较难获得专业的品牌地位。

(3) 设计能力低下，产品技术升级难。

目前，河北拥有制造企业约3 500家，但销售收入超过10亿的企业不足100家，以中小企业为主体的民营企业，其主营收入占到了全行业86.73%，利税占到了95.00%。中小企业已经成为河北装备制造业的重要力量，但却多采用“低成本、低技术、低价格、低利润、低端市场”的企业发展模式，不重视技术开发，缺乏具有核心技术和自主知识产权产品。由此导致河北装备制造产业多集中在较为传统的基础类设备制造领域，高端装备制造比重偏低，研发能力与发达省份差距明显，在全国同行业中处于中下游水平。

据估算，河北省中小装备制造实际开展研发创新活动的仅占总数的28%，其研发投入占销售收入平均不足1%。很多中小企业是依靠一两件创新产品一举占领市场、快速成长的，但随着竞争对手的模仿、改良以及市场饱和等原因，优势产品很快衰落，企业也随之消亡。

(4) 产业信息获取成本高，难以满足企业信息需求。

企业获取信息资源的困难主要来自两个方面：一是缺少有效的信息源，这既包括企业内部信息资源，也包括企业外部信息源；二是信息获取渠道不畅。一些民营企业因资金不足，导致信息化基础薄弱，直接影响到了企业获取信息的及时有效性。有近八成的民营企业表示缺乏有效信息源，多数企业对信息资源获取利用非常重视，但表示企业自身获取的信息资源能够真正满足其经营、生产需求的不足两成。

互联网已经成为中小企业获取信息最便捷、最经济的手段，但网络信息的庞杂无序一定程度上给企业造成了新一轮的信息匮乏，专业、全面的信息源仍然是中小企业获取信息过程中亟待解决的问题。

(5) 交易机会萎缩。

据《河北经济年鉴（2013）》发布的数据表明，2012年，受外需不振、内需乏力的双重影响，以及2011年下半年以来全国工业经济下行，通过产业链逐步传导到河北实体经济的影响，全省工业生产同比呈现下行态势。

2）解决关键需求的互联网特性

互联网能够帮助企业解决以上需求和矛盾，就能吸引企业，使其有动力开展“互联网+”的相关应用。因此，有必要运用互联网思维，对以上几个关键需求点进行可行性分析。

（1）互联网金融解决融资难问题。

电子商务在我国的快速发展，带动了互联网金融的发展，中小企业融资模式不断获得创新，电子商务交易平台的融资模式大多是在充分利用信息化、大数据基础的新型征信体系，为金融机构提供在交易平台上的中小企业的征信数据，以帮助企业获得更多的融资可能。

（2）互联网洗牌传统品牌格局。

互联网消费群体与传统消费群体间在群体自然特征、社会特征、行为特征方面都存在极大的不同，因此对于品牌的认可也就有了较大的区别，导致很多传统品牌活力下降，新生品牌更替较快。

因此，互联网对原有品牌格局的冲击，就为更多的企业提供了塑造符合互联网消费群体特征的新品牌的机会，使企业通过互联网弥补品牌方面的劣势。

（3）互联网威客的人才聚合和设计能力聚合。

互联网能够把社会上闲置或富余的人力资源聚合成为平台力量，使这些剩余资源按照类别进行社会再服务，其中目前比较成熟的“威客”模式，就能够实现设计能力聚合。企业可以在不聘用更多技术人员的情况下，通过平台低成本获取较高的设计能力，以此增加企业新产品开发能力，提高市场竞争力。

（4）互联网信息收集、整理和传递大幅降低信息获取成本。

信息的收集、整理、加工和传递是互联网的本质属性，因此互联网平台能够很轻易地实现低成本信息整合，这种整合与某行业或专业相结合时，就能够使行业信息发挥“累积增值”特性，使相关企业在不增加成本的情况下，获取信息累积而增加的价值。

（5）互联网对交易空间和时间的扩张能提振外需、深挖内需，增加交易机会。

对时间的最大利用和对物理空间的消亡，是互联网最主要的特性，这一特性能够帮助企业拓宽国际市场，使过剩产能走出去；同时，能够使企业更了解和走近国内需求，深入挖掘国内市场，二者结合之下，使运用互联网的企业的交易机会得到全面增加。

通过以上五点的分析，说明互联网的特性完全能够满足中小企业的关键需求，因此，能够设计好相应的商业模式，使相关各方利益得到较为均衡的增加，就可以实现河北省县域特色产业中小企业的“互联网+”，最终实现产业转型，使县域产业结构向更高级方向转变。

9.2.4 商业模式设计思路创新

影响电子商务项目绩效的最重要因素是它的商业模式，它是项目运行的秩序，包括项目所提供的产品、服务、信息流、收入来源，以及各相关利益主体在电子商务项目中的关系和作用、组织方式和体系结构。因此，首要任务是设计好各相关主体的价值网络，其次要从业务模式、运营模式、竞争模式和赢利模式四个模块出发进行总体规划，最后明确战略目标、目标用户、产品或服务、核心能力等具体内涵。本文从价值网络图、战略目标和核心能力三方面提出适合河北省县域特色产业“互联网+”的商业模式设计原则。

1）价值网络图设计

价值网络图能够很好地反映一种商业模式中各主体间的价值关系，通过这种价值关系的设计，能够指引企业或项目通过适合的业务模式和运营模式，并满足其竞争和盈利要求。结合第二部分对河北省县域产业核心需求和互联网特性的分析，为河北县域产业发展“互联网+”的商业模式设计了如下价值网络图（见图9-2）。

图9-2反映的价值关系，可以比较全面满足传统县域中小企业的需求；同时，能保证互联网平台的盈利能力，与传统的B2B电子商务相比较，在人才、金融和网络品牌等服务方面有了更深度的介入。

2）战略目标设计

互联网商业项目可持续发展能力取决于是否有明确的战略目标，其可以表现为项目的客户价值，即能够提供客户需要且其他竞争对手不能提供的产品或服务。现阶段以“为中小企业提供电子商务服务”为战略定位的电子商

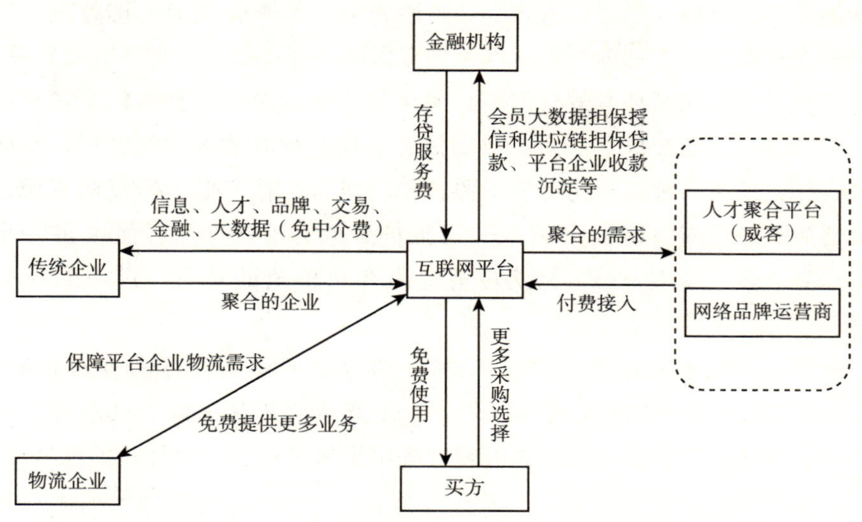

图 9－2 县域产业“互联网＋商业价值”网络图

务企业中，阿里巴巴的市场占有率非常高，也还有其他企业参与其中。所以要想取得较高的市场竞争力，就需要为这些县域企业提供的价值体现为差别化的产品和服务，或者从低成本、目标集聚战略等方向进行战略设计。

县域特色产业“互联网＋商业模式”的战略目标的设计，就需要从“县域”和“特色产业”两个关键词出发，深入挖掘“县域”产业企业的特点，了解其与其他企业有哪些不同的需求比较突出，提供差异化的服务，因此在事业层面和竞争层面的战略建议选择差异化战略；“特色产业”本身具备集聚的特征，因此在产品层面的战略，选择目标集聚战略比较适合特色产业。

3）核心能力定位

差异化的战略目标需要体现在核心能力上。核心能力包括相对稀缺的资源和有特色的服务能力，能够帮助企业形成长期的竞争优势。可以从三方面定位核心能力：资源、竞争力和竞争优势。

首先，资源包含有形资源、无形资源和人力资源，对于互联网企业或项目，无形的客户资源和人力资源是最主要的，与价值网络图中某个或某几个客体间形成稳固的合作关系就是最重要的无形资源。如果是与买卖双方的关系，要体现“多”的特点，即要有足够多的买方或者卖方，才能形成有效资源；如果是与金融、物流、人才、品牌的关系，要体现“牢”的特点，只有牢固的客户关系，才能为买卖双方提供有保障的客户服务，形成有效资源。

其次，在形成某种有效资源后，要运用这些资源，将其转化为客户价值和公司利润，才能形成竞争力。对于拥有上述某种有效资源的公司，要通过业务运作，使另一种资源向有效资源转化。即如果有“多”特点的资源，就需要通过业务拓展，建立有“牢”特点的资源，反之亦然。使“多”享受“牢”或“牢”享受“多”，就是资源向客户价值的转化，进而形成公司利润。

最后，是竞争优势的形成，“多”的资源的模仿往往需要较长时间，“牢”的资源的模仿较难实现，因此公司的竞争优势是来源于其所拥有的核心资源，其他公司获得这些资源的难度决定了保持这种竞争优势的难易程度。

9.2.5 结论

互联网的全面发展及其与传统行业的深度融合已经成为社会共识，在融合过程中，主动性更强的网络企业的责任更突出，既要考虑自身的可持续发展，又需要兼顾传统企业开展网络业务的主要需求以及政府管理部门的顶层设计。在河北省县域传统产业开展“互联网+”的推进中也是如此。

因此网络企业在开展“互联网+”的过程中，就需要设计好适应三类主体的目标的商业模式，从价值网络、战略目标和核心能力等方面综合考虑，以实现多赢。

9.3 区域性商业批零企业 B2B 协同平台建设的利益推动机制创新研究

互联网的普及，促进了电子商务的迅猛发展，商务活动网络化已经成为发展趋势，任何企业都无法摆脱电子商务的影响，在这一背景下，处于商务活动末端的区域性商业批发、零售企业间的交易，也就开始了其网络化的进程。按照传统的电子商务模式划分，批零企业的网络化交易属于 B2B 的范畴。B2B 平台建设技术已经日趋成熟，开发成本也比较低，但截至目前除了阿里巴巴等少数外贸型或全国性的 B2B 交易平台具有较强盈利能力，能够正常运转外，超过 90% 的 B2B 企业缺乏合理的盈利模式，无法获取足够的利润以维持企业的运转和增长，导致平台数量虽多，但质量普遍不高。缺乏对利益推动机制的深入研究是造成这一现象的主要原因。

利益推动机制的研究应该采用创新的思维，结合协同双方的利益诉求，为协同双方提供价值的增加。以价值增加为基础，创建的盈利模式才能为平台方带来长期、稳定的收益。

价值链创新、利益链创新主要依托于对协同双方业务流程的全面理解和认识，解析其每个业务环节所能产生的价值、各个环节之间的衔接方式等。在盈利模式创新的同时，也能够充分了解如何推动协同双方、协同平台的平稳、高效运转。

9.3.1 商业 B2B 平台发展现状

我国 B2B 电子商务平台发展至今，已经进入相对稳定阶段，建设的模式也有几种，第一种是平台交易双方之外的第三方企业搭建的电子商务平台，这种模式是一种比较容易取得成功的模式；第二种是平台交易双方中的一方搭建的平台，这种模式限制条件较多，利益驱动不足，成功案例相对较少；第三种是市场监管者建立的交易平台，由于机制问题，这种模式很难取得成功。

目前，我国中小企业 B2B 电子商务运营商总营收中，8 家核心企业的合计份额为 62%，占据绝对垄断地位，其他由地方政府或行业协会、企业等组建的 B2B 网站，数量上占据绝对多数，但市场占有率却非常低，这能够很好地反映我国现阶段 B2B 网站的发展状况：B2B 平台数量多，质量普遍偏低，高水平平台较少。

发展较好的 8 家核心企业，有综合类的平台，有垂直类的平台，但均为全国性网站，服务于外贸或者内贸。区域性电子商务平台和影响力较小的行业平台几乎没有典型的成功案例。B2B 平台运营质量低，导致平台应用方应用水平不高，多方协同作用无法体现。

造成平台运营质量无法提升的原因较多，制约政府主办平台主要原因是体制问题；制约协会主办平台的主要原因是体制和盈利能力问题；制约企业主办平台的主要原因则主要是盈利能力不足问题。体制问题的解决主要是转制，由企业建设、经营就能够很好地解决体制的制约。而企业建设经营的问题就可以归结为利益推动不足，缺乏合理盈利模式。

9.3.2 企业间电子商务平台现有利益模式及其局限性

现阶段较成熟的B2B平台运营商主流盈利模式有：以阿里巴巴和中国化工网为代表的会员费模式；以敦煌网为代表的产品差价模式；以各类大宗商品交易网站为代表的交易佣金模式；也有部分网站采用了P4P（按效果付费）的模式。

以上各种模式都有比较成功的案例，各自的优势也很明确。但对于区域性批零B2B平台，这些模式的局限性也很明显。具体如表9-6所示。

表9-6 常规盈利模式的局限性

模式 \ 平台用户	批发商	零售商
会员费模式	可以接受	不可接受
产品差价模式	可以接受	不可接受
交易佣金模式	可以接受	不可接受
P4P模式	可以接受	不可接受

造成表9-6局限性的原因主要是，首先，区域性零售商规模比较小，对价格敏感度高；其次，区域性零售商掌握了销售终端，对批发商的约束较大，在传统的批零合作模式中占据绝对主动权，已经享受了很好的服务；最后，现有批零模式较为成熟，批零双方，尤其是零售商缺乏进入电子商务平台与批发商进行协同的内在驱动力。

基于以上局限性，如果再让零售商以付费形式加入平台，等于是让零售商让出部分利润，那零售商就会拒绝加入。所以，传统会员费等模式，均不适合区域性商业批零平台的运营模式，需要对批零业务流程及中间要素进行详细分析。

9.3.3 区域性商业批零业务流程及要素分析

区域性商业批发零售业务流程通常因为市场竞争、价格、服务、产品特性等方面的原因，可以划分为批发商定期送货模式、订单送货模式、零售商进货模式三种。

9.3.3.1 批发商定期送货模式

批发商定期送货模式主要适用于区域市场竞争激烈的产品，且缺乏被广大消费者一致认可的品牌垄断市场的情况。批发商会根据产品销售周期，在零售端库存即将销售完之前，把产品主动送到零售商店，以增加其他产品进入市场的成本。其基本的模式可以用图 9 -3 表示如下。

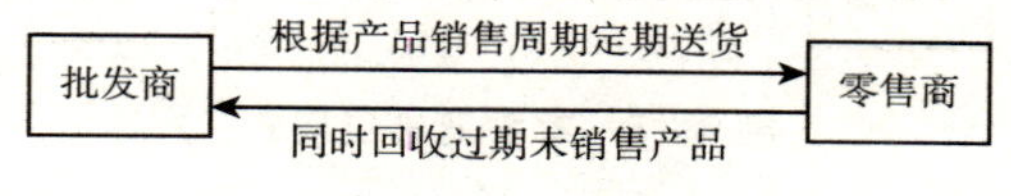

图 9 -3 批发商定期送货模式

此模式形成的原因，是由于产品市场竞争激烈，批发商迫于竞争压力，为保证市场占有率，向零售商提供越来越周到的服务，批零双方市场驱动力不均衡，批发商市场驱动力大于零售商，处于产业链的弱势地位。批零双方的交易基本上是以物流配送为基础来完成的，缺乏信息流的支持，一旦出现物流的不及时，则批发商可能出现客户流失的情况。

9.3.3.2 订单送货模式

订单送货模式一般适用于某种被消费者一致认可的产品，具有较高的市场占有率，零售商因为消费者的需求，不得不销售该产品，而批发商又因为物流能力不足，无法进行定期送货。其基本模式可以用图 9 -4 表示如下。

在这种模式中，由于市场对某产品的需求旺盛，零售商为了保证店面对消费者的吸引力，不得不销售该产品，而向批发商订货，批发商在能力所及，尽量向零售商提供优质服务，批零双方驱动力相对均衡，但总体上，零售商

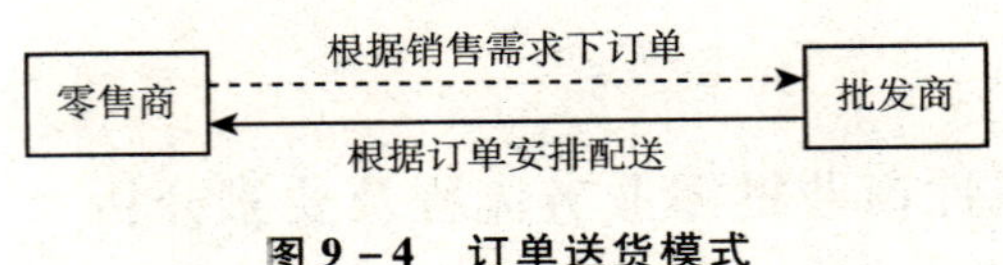

图 9－4 订单送货模式

稍处产业链的弱势地位。批零双方的信息流、物流形成了互动，完善了整个交易的流程，批零关系相对牢固。

9.3.3.3 零售商进货模式

零售商进货模式一般出现在某类产品的需求较为稳定，但需求量又非常小，单个零售商的周期销售带来的利润既是零售商不愿意放弃的，又不能激发批发商提供物流服务的动力，甚至该类产品的批发商实力不足，没有能力提供物流服务。其基本模式可以用图 9－5 表示如下。

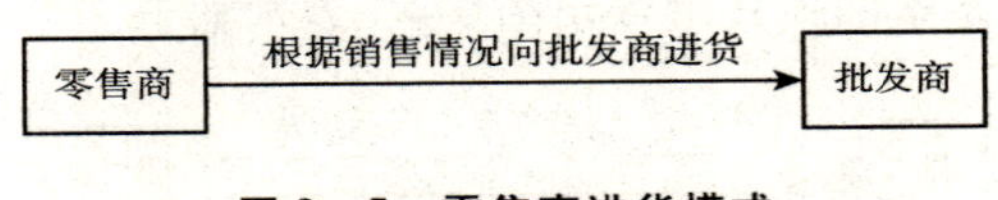

图 9－5 零售商进货模式

在这种模式中，因为周期销售数量较小，批发商无法获得足够的利润，而零售商则是希望通过该商品吸引顾客进店，不得不销售该产品，就出现了批零双方驱动力不均衡的情况，批发商的驱动力小于零售商，造成了零售商相对较弱的市场地位。

9.3.3.4 驱动力体现要素

批发商与零售商之间的强势与弱势主要是因为其利益驱动强弱而形成的，而市场驱动力主要与市场竞争、利润大小相关联。

根据前面三部分对市场地位的强弱及市场驱动力的大小的分析，在物流配送环节的主动与被动能够反映批发商与零售商的驱动力，驱动力强的一方物流较为主动，驱动力弱的一方物流较为被动。即物流直接体现利益。物流方向成为批零双方驱动力强弱的体现要素。

9.3.4 构建区域商业批零协同平台建设的利益链新环节

在上述对商业批零业务流程的分析中，发现物流环节在整个流程不可或缺，但并没有专业的物流服务商介入，原因主要是：商业批零物流的特征多为小批量、多批次的运送，此类业务对第三方物流的成本控制能力要求较高，如果不能拥有足够多的客户群，形成足够大的仓储、物流规模，就很难取得盈利，所以第三方物流公司较少介入此类业务。而自营物流就会由于驱动力的影响，由驱动力较强的一方来提供物流服务，增加了企业运营成本，且降低了物流服务的专业性。

9.3.4.1 商业批零间物流服务

商业批零间的物流需求主要有批发商对仓储管理、物流配送的需求和零售商对物流配送的需求。物流企业的主要利润来源包括仓储、仓储管理、物流配送等服务费用。

区域性批零物流服务管理难度较大，规模小，难以形成规模效应，是影响第三方物流企业为该类型企业提供仓储、物流服务的重要因素。既限制了物流企业的业务范围，也妨碍了批发零售企业的物流水平。

而区域性批零市场的交易量又非常大，足以满足单个物流企业的业务需求。如表9-7、表9-8所示为河北省2011年、2012年前三季度的社会消费品零售总额数据，根据数据显示，每年度单个地级市城区的零售总额以及能够达到100亿~1000亿元，由此可见，所需物流业务量也非常可观。

表9-7　各市社会消费品零售总额（2011年）　单位：亿元

城市	社会消费品零售总额	城区	乡村	城镇
全　省	8035.5	4031.0	1876.4	6159.1
石家庄市	1663.0	982.8	361.3	1301.6
承德市	303.9	89.4	83.4	220.4
张家口市	382.0	223.0	82.3	299.7
秦皇岛市	394.4	268.9	66.1	328.4
唐山市	1334.8	789.6	251.8	1083

续表

城市	社会消费品零售总额	城区	乡村	城镇
廊坊市	493.1	135.5	179.9	313.2
保定市	1018.5	438.5	230.1	188.4
沧州市	683.8	343.9	193.7	490.2
衡水市	374.7	179.2	105.3	269.4
邢台市	542.1	309.2	129.6	412.5
邯郸市	845.2	271.0	192.9	652.3

资料来源：《河北省经济年鉴（2012）》。

表 9-8　2012 年 3 季度全省社会消费品零售总额（2012-11-06）　单位：亿元，%

	绝对额		增长	
	当季	累计	当季	累计
社会消费品零售总额	2225.7	6365.2	14.7	15.0
按销售单位所在地分				
1. 城镇	1686.3	4871.7	14.8	15.3
#城区	1097.3	3175.4	15.5	16.1
2. 乡村	539.4	1493.5	14.6	14.1

资料来源：河北省统计局网站．http：//www.hetj.gov.cn/article.html1？id=4948。

9.3.4.2　商业批零业务物流服务商利益重构

影响物流服务商利益的核心是业务总量。即提升业务总量成为商业批零间物流成功与否的关键。但商业批零业务物流特点是：单次量小，送货频繁。基于这一特点，很大程度上增加了提升业务总量的难度。

提升业务总量要从价值、维度和能力几个方面着手。

（1）能为本区域内的批发商、零售商提供增值服务，以此吸引大量用户使用物流服务商提供的仓储、仓储管理、物流、配送等基础服务。如果所吸引的批零用户占到某地区城区总用户数量的50%左右，那么将形成较大规模的物流服务需求。同时因为用户间的交叉辐射，将对剩余用户形成较大吸引力，使之有加入该服务商的动力。

（2）能把握批发商、零售商的驱动力的差异，针对驱动力的不同，对不同产品对应物流业务的主要需求方，进行业务公关。把握市场驱动力较弱的一端，能够锁定一批市场驱动力较强的另一端，形成锁定效应。

（3）要求物流服务商，有足够的仓储空间、管理能力和配送能力。

9.3.5 区域性 B2B 商业批零协同平台建设利益推动机制创新

我国成功的 B2B 平台基本都是由第三方企业建设运营的，成功的盈利模式在前面部分也进行了分析。区域性 B2B 商业批零协同平台的建设，也要由批发商和零售商之外的第三方企业进行建设运营，但由于其独特性，盈利模式的设计也有较大差别。

9.3.5.1 区域性平台与全国性平台的差异

B2B 平台的建设能够促进平台使用各方业务间的协同，主要是通过信息流的传递，为使用各方降低交易壁垒，把市场契约转变为企业契约，降低交易成本，提高交易成功率。

但 B2B 平台的建设仍然存在诸多问题，90% 以上的平台经营状况不佳，缺乏盈利，主要原因就是一味模仿成功平台的盈利模式，缺乏对利益推动机制的创新。

区域性商业批零协同平台与阿里巴巴等全国性的 B2B 平台有较大区别。

（1）地域特征不同。前者是以地级市为基本运营单元的平台，后者则是服务全国、全球的平台。

（2）业务流程不同。区域性平台的业务主体相对单一，业务流程较为简单，全国性的 B2B 平台由于业务主体较多，业务流程也较为复杂。

（3）物流特点不同。区域性平台的物流批次多，批量小，管理难度大，利润水平较低。全国性平台的物流批次少，批量大，业务管理难度较低，利润水平较高。

9.3.5.2 平台建设及运营思路

平台的建设确定为由批发、零售之外的第三方进行建设运营，通过分析，在业务流程较为简单的商业批零业务中，除了批发商和零售商外，潜在的还有物流服务。

由于零售商的利润水平较低，如果由与整个业务流程无关的企业介入建设该平台，则平台建设和运营需要利润的分成，会在一定程度上降低零售商和批发商的利润水平，也降低了二者应用该平台的意愿，难以锁定用户，无法形成良性循环，保证运营商的利益。

所以由物流商介入，接手潜在的物流业务，并建立批零协同平台，为批零双方提供增值服务的同时，能够把较为分散的物流需求，集中成为具有较大规模的物流服务，进而获取足够的利润。

批零协同平台运作方式如图9－6所示。

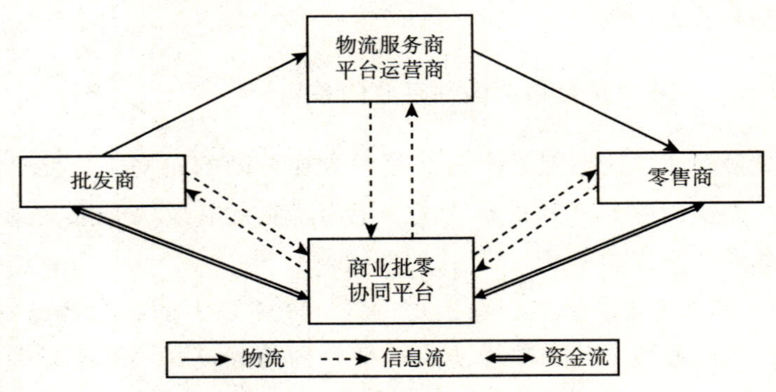

图9－6 批零协同平台业务运作方式

9.3.5.3 平台建设利益推动机制

根据批零协同平台业务运作方式图所示，该平台的建设的利益驱动机制为：物流服务商为批发商和零售商免费提供信息服务平台和资金服务工具，为二者提供便利的交易平台，以此锁定交易双方。作为交换条件，交易双方需要把原有自营仓储、物流、配送的业务交由该物流服务商进行有偿物流服务。

此驱动机制的利益转换如图9－7所示。

在图9－7中，由批发商和零售商向物流服务商汇聚的物流，由处于交易驱动力较强的一方支付物流费用。把原来由该驱动力较强的一方承担的物流任务，转变为物流服务费，提供给物流服务提供商，以较低价格享受更专业

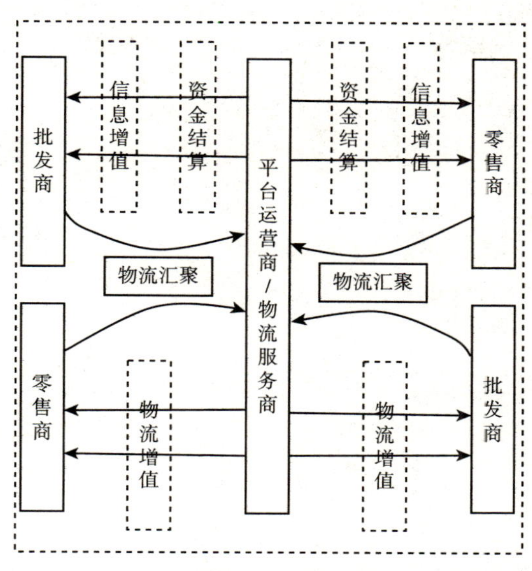

图 9-7 协同平台驱动利益转换

的物流服务。同时，向物流服务商汇聚的物流越多，物流服务商的利润水平将越高，能够形成有效的利润来源，维持并稳步发展商业批零 B2B 协同平台。

通过批零 B2B 协同平台，物流服务商可以为批零双方提供信息增值服务、物流增值服务和资金结算增值服务，使批零双方在没有增加任何交易成本的基础上，享受到多重增值服务。

9.3.6 结语

健康的利益驱动机制，能够保证 B2B 协同平台的发展，在商业批零协同平台的建设运营中，物流服务商成为其利益驱动机制的关键，物流服务商的业务规模足够大，才能在商业批零业务中获得足够的利润，规模足够大的基础在于是否能够为批零双方提供价值，吸引他们加入该平台，并锁定他们，物流服务商提供的价值除了物流部分是收费的外，其他部分必须是免费的，这样才能保证批零双方在没有增加成本的基础上获得更多的服务。这部分成本需要由物流服务商提供。

网络经济背景下京津冀产业协同发展研究

Chapter 10

10 基于京津冀产业协同的网络经济发展管理建议

10.1 京津冀电子商务产业发展思路

京津冀地区电子商务产业协同发展要从整体布局和功能定位两个方面进行总体规划，以充分发挥电子商务产业对整个京津冀经济协同发展的促进作用。

1）京津冀电子商务产业布局思路

在京津冀协同发展大背景下，京津冀地区经济一体化进程就会逐渐被强化，因此京津冀电子商务产业也要围绕京津冀传统产业协同发展的大思路进行布局。有两种布局思路可供选择：

（1）聚集型发展思路。电子商务产业整体进一步向北京汇聚，产业功能方面加大向河北天津的主要产业辐射能力。

作为高端第三产业的电子商务产业，对人才、资金、技术等高端资源要求很高；同时北京在京津冀协同发展中的总体定位也是以高端服务业为主。基于以上两个要素，电子商务产业整体布局北京在政策、资源供给等方面是可行的；因此可以把与电子商务相关的运营、数据服务、网络服务、人才服务以及金融服务环节全部向北京集中，使北京的电子商务产业更加成熟，服务功能更强。

在产业功能方面，要把集中在北京的电子商务产业的服务功能，重点向河北、天津的传统产业辐射，能力要加强，使其能够通过互联网，为津冀两地的传统产业发展提供远程解决方案，主要达到带动河北县域产业和天津物流产业发展的目的。

这一发展思路符合电子商务产业发展资源需求以及京津冀地区的资源特征，但对河北和天津的电子商务产业资本、税收会产生不利影响。

（2）均衡化发展思路，电子商务产业在京津冀三地的布局向均衡化方向发展。

均衡化就要使河北省和天津市的电子商务企业能够具备全面服务本地传统产业的能力，跟上北京电子商务产业发展的总体水平的同时，还要加强北京、天津、河北三地电子商务产业间的关联，使三地在产业功能方面优势互补。可以引导北京电子商务企业中的B2B企业、跨境电子商务企业向河北、天津进行产业转移或增强辐射能力；增强北京市电子商务产业服务能力，帮助河北和天津两地发展电子商务产业。

这一发展思路更容易被河北、天津政府接受，且北京政府也不会反对，容易获得政策许可。

要均衡发展京津冀三地的电子商务产业，其关键在于如何提高河北、天津的电子商务产业成熟度。目前河北、天津两地电子商务企业规模小，服务能力差，传统产业渗透率低，因此在产业发展定位以及发展对策方面要重点解决目前这些问题。

2）京津冀电子商务产业功能定位

根据京津冀区域协同发展内部产业定位，电子商务产业要为本区域传统产业的优化发挥重要作用，就需要对电子商务本身产业功能定位进行合理规划。

（1）京津冀地区的电子商务产业功能对于北京市，主要定位为服务于高端服务业的功能，为京津冀区域提供电子金融、在线科技、在线教育、在线零售等服务。因为北京的三次产业结构为“三、二、一”结构，GDP中三次产业所占比重接近八成，并且近年来北京在京津冀发展中的定位为着力发展高端服务业。所以京津冀电子商务产业对于北京的功能定位主要是服务北京的高端服务业。其中，北京市电子商务产业要能够为天津市、河北省的电子商务产业提供高端服务，比如规划服务、数据服务、金融服务等；天津市和河北省的电子商务产业，要能够为北京市的网络零售业提供货源，为北京市提供环境监测等服务。

（2）对于天津市，主要定位是为中高端服务业、中高端制造业、物流业和外贸提供电子商务服务，为京津冀区域提供跨境电商、物流信息、制造业B2B贸易及其他增值服务。天津市在京津冀区域协同中的作用定位主要是港口、物流和中高端制造业，因此，电子商务产业也就要定位于服务与这些相关的产业，比如外贸、物流业、中高端制造业的网络营销、在线设计、网络采购等服务。

（3）对于河北省，主要定位为发挥电子商务中低端服务业、制造业、资源勘查开采、农林牧渔业的功能，为京津冀区域制造业、农业提供B2B贸易信息、物流和其他增值服务，为京津冀区域旅游业提供资源信息服务，为京津冀提供环境监测服务等多方面的服务。

河北省在京津冀地区属于自然资源相对丰富、农业在GDP中所占比重较高、工业生产方式较为粗放、制造业和服务业水平较低的省份。最需要进行传统产业改造升级、提高自然资源利用率、降低环境污染水平。因此电子商务产业对于河北省的服务主要集中在农业电子商务和制造业电子商务服务方面，功能方面要着力提升第一、二产业发展质量，完善第三产业发展程度。

3）京津冀三省市电子商务产业发展对策

北京市电子商务产业发展政策要集中扶持两类电子商务企业，一类是能为北京的高端服务业提供电子商务服务的企业，另一类是能为河北省和天津市提供产业服务的电子商务企业。既提高了本地电子商务产业水平，又增加了京津冀三地产业关联度。

天津市电子商务产业政策要集中扶持几个平台，一个物流平台、一个外贸平台、一个制造业平台，以此提高整个地区的电子商务产业成熟度，使之带动天津市电子商务相关产业的总体发展。

河北省电子商务产业政策要集中扶持几个优势产业专业B2B平台，扶持一个B2C平台，以便于形成合力，吸引行业注意力，形成注意力经济。集中扶持，可以促进其服务的产业向高级化方向发展，还能带动电子商务周边产业，提高河北电子商务产业成熟度。不建议采用“广撒网”模式，这种模式资金示范效应弱，不易形成市场自发的产业发展。

通过以上分析可见，电子商务产业发展对区域产业结构优化具有积极意义，且随着互联网更深度应用的发展，其对经济发展的影响也将随之深入。合理的布局、功能定位等规划，能够更好发挥电子商务对传统产业的优化作用，但布局和功能定位涉及的各省市政府政策导向、资金导向、人才及技术导向众多问题，其难度远大于理论研究的难度，因此在未来实施过程中，中央政府对该产业的总体推动就成为电子商务产业合理发展的关键。

10.2 京津冀网络经济和网络信息流管理原则

选择网络经济和网络信息流作为京津冀协同发展的序参数，已经明确了京津冀协同发展的方向，就是三地分工以互补的环节分布在各个产业链条上，北京发展高端服务业、天津发展中高端服务业及高端生产、河北定位中低端服务业、生产制造及资源产业。在这种定位下，协同发展的目标就是努力使产业链条的各环节，能够以序参数作为指挥棒，做到协调发展，使整个产业在分工有序的状态下良好运转。

根据本研究构建的京津冀协同机制负反馈控制系统模型，对所选序参数的管理要遵从以下几条原则：

（1）在京津冀协同系统处于临界状态时（即系统将发生显著变化时）要创造好条件。当京津冀协同系统处于即将发生显著变化的临界状态时，要为强化或者突出所选择的序参数积极创造各种条件，通过政策和资金的支持，有意识地促使京津冀协同系统向规划所期望的某一方向发生变化。

（2）在京津冀协同系统处于临界点附近时要注意控制。当协同系统处于临界点附近时，要及时控制序参量的变化，通过资金支持杠杆，撬动互联网商务/信息平台，使各子系统系统通过选择，向规划预期的方向演进，朝着协同机制完善的方向发展。

（3）在协同系统向预期方向演进后，后续完善互联网商务/信息平台的功能，继续强化序参量，使平台产生自组织效应，进一步促使京津冀协同系统达到新的稳定有序。

（4）对协同系统输出的协同结果进行评估，使之产生反馈信息，依照反馈信息，为序参数输入适当的调节量，以矫正系统输出结果。

参考文献

[1] 杨灿，郑正喜．产业关联效应测度理论辨析［J］．统计研究，2014（12）：11－19.

[2] Rsmussen P N. Studies in inter-sectoral relations［M］. Copenhagen/Amsterdam，1956.

[3] 林有．关于投入产出系数的结构分析及其应用［J］．统计与决策，2007（17）：72－73.

[4] 尚红云．产业关联测度系数及计算方法的改进［J］．统计教育，2007（8）：9－11.

[5] 刘起运．关于投入产出系数结构分析方法的研究［J］．统计研究，2002，2（2）：40－42.

[6] 邱燕萍，黄蕊，崔恒建．北京市产业结构对经济增长的贡献分析［J］．数理统计与管理，2014，（5）：770－779.

[7] 张丁榕．长三角地区生产性服务业与制造业的产业关联分析——基于投入产出法的分析［J］．石家庄经济学院学报，2013（2）：23－30

[8] 张同升．北京市主导产业的选择［J］．统计与决策，2008（12）：37－39.

[9] Miller R E，Blair P D. Input-output analysis：foundations and extensions［M］. Cambridge University Press，2009.

[10] 李清．习近平在京主持召开座谈会专题听取京津冀协同发展工作汇报［EB/OL］．（2014－2－27）［2014－8－20］．http：//news. xinhuanet. com/politics/2014－02/27/c_126201296. htm.

[11] 谢旭光，张在旭．基于协同学的组织核心竞争力序参量转化模型研究［J］．系统科学学报，2013（1）.

[12] 陈劲，王方瑞．再论企业技术和市场的协同创新 [J]．大连理工大学学报，2005 (2)．

[13] 邹志勇．企业集团协同能力研究 [D]．大连理工大学，2008 (10)．

[14] 夏青．基于哈肯模型的现代服务业演化机制研究 [J]．中国矿业大学学报，2013 (4)．

[15] 白列湖．管理协调机制研究 [D]．武汉科技大学，2005．(11)．

[16] 赫尔曼·哈肯 (西德)．协同学 [M]．北京：原子能出版社，1984 (2)．

[17] 周志忍，蒋敏娟．中国政府跨部门协同机制探析 [J]．公共行政评论，2013 (1)．

[18] 孙斌，郑垂勇．产业集群创新系统的序参量研究 [J]．统计与决策，2009 (6)．

[19] 刘李鹏，宗刚．台海两岸产业协同演化序参量分析及建议 [J]．现代管理科学，2012 (11)．

[20] 董志良．区域性商业批量企业 B2B 协同平台建设的利益推动机制创新研究 [J]．商业时代，2014 (1)．

[21] 赵燕娜．河北省产业集群发展研究 [M]．北京：经济管理出版社，2013.

[22] 曹保刚．京津冀协同发展研究 [M]．保定：河北大学出版社，2009.

[23] 伍文中，等．京津冀经济圈产业竞争力研究 [M]．北京：经济科学出版社，2013.

[24] 顾朝林．城市群研究进展与展望 [J]．地理研究，2011，30 (5)：771 -784.

[25] 郭凤城．产业群、城市群的耦合与区域经济发展 [D]．吉林大学，2008.

[26] 祝尔娟．"十二五"时期京津冀发展阶段与趋势特征分析 [J]．经济与管理研究，2010 (10)：122 -128.

[27] 吴群刚，杨开忠．关于京津冀区域一体化发展的思考 [J]．城市问题，2010 (1)：11 -16.

[28] 北京市十二五规划，2011.

[29] 天津市十二五规划，2011.

[30] 河北省十二五规划，2011.

[31] 李彦军．产业长波、城市生命周期与城市转型 [J]．发展研究，2009 (11)：4 -8.

[32] Krugman P. Increasing Returns and Economic Geography [J]. Journal of Political Economy，1991，99 (3)：483 -499.

[33] Fujita M，Thisse J F. Economics of Agglomeration，Cities，Industrial Loca-

tion, and Regional Growth [M]. Cambridge University Press, 2002.

[34] World Bank. World Development Report 2009: Reshaping Economic Geography [R]. Oxford University Press, 2009.

[35] Itoh R. Dynamic Control of Rural-urban Migration [J]. Journal of Urban Economics, 2009, 66: 196 -202.

[36] Henderson J V. The Urbanization Process and Economic Growth: The So-What Question [J]. Journal of Economics Growth, 2003 (8): 47 -71.

[37] Henderson J V. Cities and Development [J]. Journal of Regional Science, 2010, 50 (1): 515 -540.

[38] 辜胜阻，刘传江，钟水映. 中国自上而下城镇化发展研究 [J]. 中国人口科学，1998 (3): 1 -10.

[39] 杨开忠. 中国城市化驱动经济增长的机制与概念模型 [J]. 城市问题，2001 (3): 4 -7.

[40] 李京文，吉昱华. 中国城市化水平之国际比较 [J]. 城市发展研究，2004，11 (3): 1 -10.

[41] 王小鲁，樊纲. 中国收入差距的走势和影响因素分析 [J]. 经济研究，2005，(10): 24 -36.

[42] 顾乃华. 生产性服务业对工业获利能力的影响和渠道——基于城市面板数据和SFA 模型的实证研究 [J]. 中国工业经济，2010 (5): 48 -58.

[43] 李郇. 中国城市化滞后的经济因素——基于面板数据的国际比较 [J]. 地理研究，2005 (3): 421 -431.

[44] 埃比尼泽·霍德华. 明日的田园城市 [M]. 北京: 商务印书馆，2002.

[45] Gottmann. Megalopolis: or the urbanization of the Northeastern Seaboard. Economic Geography [J]. 1957 (33): 189 -200.

[46] Kunzmann K R, Wegener M. The Attern of Urbanizationin Western Europe [J]. Ekistics, 1991, 50 (2): 156 -178.

[47] Pyrgiotis Y N. Urban Networking in Europe [J]. Ekisties, 1991 (2): 350 -351.

[48] 于洪俊. 宁越敏. 城市地理概论 [M]. 合肥: 安徽科学技术出版社，1983.

[49] 薛凤旋，蔡建明. 中国三大都会经济区的演变及其发展战略 [J]. 地理研究，2003，22 (5): 532 -533.

[50] Hall P, Pain K. The Polycentric Metropolis: Learning from Mega-city Regions in Europe [M]. London: Earthscan, 2006.

[51] Lang R E, Dhavale D. Beyond megalopolis: Exploring America's new "Megapolitan" geography [J]. Metropolitan Institute Census Report, 2005, 5-6.

[52] Henderson J V. The Sizes and Types of Cities [J]. Ameriean Eeonomic Review, 1974 (64): 640-656.

[53] Abdel-Rahman H M, Fujita M. Product Variety, Marshallian Externalities and City Sizes [J]. Journal of Regional Science, 1990 (30): 165-183.

[54] Henderson J V. Eeonomic Theory and the Cities [M]. Aeademi Press, 1985, 1-3.

[55] Henderson J V, Wang H G. Urbanization and City Growth The Role of Institutions [J]. Regional Science and Urban Eeonomic, 2007 (37): 283-313.

[56] Abdel-Rahman H M. Agglomeration Economies, Types, and Sizes of Cities [J]. Journal of Urban Economics, 1990 (27): 25-45.

[57] Goldstein G S, Gronberg T. Economies of Scope and Economies of Agglomeration [J]. Journal of Urban Economics, 1984 (16): 91-104.

[58] Hobson P. Optimal Product Variety in Urban Areas [J]. Journal of Urban Economics, 1987 (22): 190-197.

[59] Rivera-Batiz F L. Increasing Returns, Monopolistic Competition and Agglomeration Economies in Consumption and Production [J]. Regional Science and Urban Economics, 1988 (18): 25-153.

[60] Abdel-Rahman H M, Fujita M. Specialization and Diversification in a System of Cities [J]. Journal of Urban Economics, 1993 (33): 189-222.

[61] Anas A, Xiong K. Intercity Trade and the Industrial Diversification of Cities [J]. Journal of Urban Economics, 2003 (54): 258-276.

[62] Duranton G, Puga D. Nursery Cities: Urban Diversity, Process Innovation, and the Life Cycle of Products [J]. American Economic Review, 2001 (91): 1454-1477.

[63] Duranton G, Puga D. Diversity and Specialization in Cities: Why, Where and When Does it Matter [J]. Urban Studies, 2000 (37): 553-555.

[64] Brezis Elise, Krugman P R. Technology and the Life Cycle of Cities [J]. Journal of Eeonomic Growth, 1997 (2): 369-383.

[65] Duranton G, Puga D. Nursery Cities: Urban Diversity, Process Innovation, and the Life Cycle of Products [J]. American Economic Review, 2001 (91): 1454-1477.

[66] Black D, Henderson V A. Theory of Urban Growth [J]. Journal of Political Economy, 1999, 107: 252 -284.

[67] Alonso-Villar O. Urban Agglomeration: Knowledge Spillover and Product Diversity [J]. Annals of Regional Science, 2002, (36): 551 -573.

[68] Berliant M, Reed R R, Wang P. Knowledge Exchange, Mateching, and Agglomeration [J]. Journal of Urban Economics, 2006, (60): 69 -95.

[69] Krugman P. Increasing Returns and Economic Geography [J]. Journal of Political Economy, 1991, 99 (3): 483 -499.

[70] Fujita M, Krugman P. When is the Economy Mono - centric: von Thünen and Chamberlin Unified [J]. Regional Science and Urban Economies, 1995 (25): 505 -528.

[71] Fujita M, Mori T. Structure Stability and Evolution of Urban Systems [J]. Regional Science and Urban Economies, 1997 (27): 399 -442.

[72] Fujita M, Krugman P A, Venables A J. The Spatial Economy [M]. MIT Press, 1999.

[73] Pandy S M. Nature and Determinants of Urbanization in a Developing Economy: The Case of India [J]. Economic development and cultural change, 1997 (25): 265 -278.

[74] Davis J C, Henderson J U. Evidence on the Political economy of the Urbanization Process [J]. Journal of Urban Economics, 2003, 53: 98 -125.

[75] Moomaw R L, Shatter A M. Urbanization and Economic Development: A Bias Toward Large Cities? [J]. Journal of Urban Economics, 1996, 40 (1): 13 -37.

[76] Moir H. Relationships between Urbanization Level and the Industrial Structure of the Labor Force [J]. Economic Development and Cultural Change, 2006, 25 (1): 123 -135.

[77] 刘耀彬，王启仿．改革开放以来中国工业化与城市化协调发展分析 [J]．经济地理，2004 (5): 600 -603.

[78] 张燕，吴玉鸣．中国区域工业化与城市化时空耦合协调机制分析 [J]．城市发展研究，2006 (6): 46 -51.

[79] 余华银，杨烨军．安徽新型工业化与城市化关系研究 [J]．财贸研究，2007 (1): 13 -19.

[80] 曾国平，刘佳，曹跃群．中国服务业发展与城市化关系的区域差异——基于省级面板数据的协整检验 [J]．山西财经大学学报，2008 (1): 32 -37.

[81] 方俊伟. 浙江省现代服务业与城市化的协整及 Granger 检验 [J]. 工业技术经济，2007 (7)：72 -74.

[82] 张建伟，杜德斌，张战仁. 研发产业与城市化互动视角下研发城市的构建 [J]. 科学学与科学技术管理，2011，32 (5)：102 -107.

[83] 欧阳晓，生延超. 城市化水平与产业结构调整的内在互动机制 [J]. 广州大学学报 (社会科学版)，2006 (11)：47 -51.

[84] 李丽萍，郭宝华. 城市化形成机制的经济学分析 [J]. 中州学刊，2006 (5)：53 -57.

[85] 赵航. 产业集聚效应与城市功能空间演化 [J]. 城市问题，2011 (3)：16 -21.

[86] 李培祥，李诚固. 区域产业结构演变与城市化时序阶段分析 [J]. 经济问题，2003 (1)：4 -6.

[87] 陈鸿宇，周立彩. 城市化与产业结构关系探讨 [J]. 岭南学刊，2001 (6)：53 -57.

[88] 战明华，许月丽. 规模和产业结构的关联效应、城市化与经济内生增长 [J]. 经济科学，2006 (3)：19 -27.

[89] Lucas R E. On the Mechanics of Economic Development [J]. Journal of Monetary Economics，1988，22 (1)：3 -42.

[90] 袁志刚，绍挺. 土地制度与中国城市结构、产业结构选择 [J]. 经济学动态，2010 (12)：28 -35.

[91] Lall S，Shalizi Z，Deichmann U. Agglomeration Economies and Productivity in Indian Industry [J]. Journal of Development Economics，2004，73 (2)：643 -673.

[92] Alonso-Villar O，Chamorro-Rivas J-M，Gonzalez-Cerdeira X. Agglomeration Economies and Industrial Location：City-level Evidence [J]. Economic Geography，2004，4 (5)：565 -582.

[93] 蔡孝箴. 城市经济学 [M]. 天津：南开大学出版社，1998.

[94] 朱智文. 基于产业集聚的城市化和城市化过程中的产业集聚 [J]. 开发研究，2006 (6)：45 -48.

[95] 王君萍，项桂英. 产业集群发展对城市化进程的影响研究 [J]. 商业研究，2007 (10)：133 -135.

[96] 李敦瑞. 产业集群发展与区域城市化的互动作用 [J]. 经济导刊，2007 (10)：54 -55.

[97] 吴丰林，方创琳，赵雅萍. 城市产业集聚动力机制与模式研究的 PAF 模型

[J]. 地理研究, 2011, 30 (1): 71 -81.

[98] Mills E S. Studies in Indian Urban Development [M]. Washington, D. C.: Published for the World Bank [by] Oxford University Press, 1986.

[99] Alonso-Villar O, Chamorro-Rivas J-M, Gonzalez-Cerdeira X. Agglomeration Economies and Industrial Location: City-level Evidence [J]. Economic Geography, 2004, 4 (5): 565 -582.

[100] 张祥建, 唐炎华, 徐晋. 长江三角洲城市群空间结构演化的产业机理 [J]. 经济理论与经济管理, 2003 (10): 65 -69.

[101] 涂人猛. 产业集群理论与城市圈的发展 [J]. 湖北社会科学, 2007 (12): 87 -89.

[102] 冯碧梅, 刘传江. 全球价值链视角的武汉城市圈产业体系构建——推动武汉城市圈低碳经济发展 [J]. 中国人口·资源与环境, 2010, 20 (3): 67 -72.

[103] 杨波, 吴聘奇. 城市化进程中城市集中度对经济增长的影响 [J]. 社会科学研究, 2007 (4): 20 -26.

[104] Rosenthal S S, Strange W C. Chapter 49 Evidence on the Nature and Sources of Agglomeration Economies [M]. In Thisse J F, Henderson V (eds.), Handbook of Regional and Urban Economics. Elsevier, 2004: 2119 -2171.

[105] Davis D R, Weinstein D E. Economic Geography and Regional Production Structure: An Empirical Investigation [J]. European Economic Review, 1999, 43: 379 -407.

[106] Stahl K. A Note on the Microeconomics of Migration [J]. Journal of Urban Economics, 1983, 14: 318 -326.

[107] Glaeser E, Kolko J, Saiz A. Consumer City [J]. Journal of Economic Geography, 2001, 1: 27 -50.

[108] Henderson J V, Y Ioannides. Aspects of Growth in a System of Cities [J]. Journal of Urban Economics, 1981, 10: 117 -139.

[109] Helpman E. The size of regions. In: D. Pines, E. Sadka and I. Zilcha (eds.), Topics in Public Economics: Theoretical and Applied Analysis [M]. Cambridge University Press, 1998: 33 -54.

[110] Tabuchi T. Urban Agglomeration and Dispersion: A synthesis of Alonso and Krugman [J]. Journal of Urban Economics, 1998, 44: 333 -351.

[111] Fujita M, Thisse J F. Economics of Agglomeration, Cities, Industrial Location, and Regional Growth [M]. Cambridge University Press, 2002.

[112] Baldwin R, Forslid R. The Core - Periphery Model and Endogenous Growth: Stabilizing and Destabilizing Integration [J]. Economica, New Series, 2000, 67 (267): 307 -324.

[113] 陈美玲. 城市群相关概念的研究探讨 [J]. 城市发展研究, 2012, 18 (3): 5 -8.

[114] 姚士谋, 陈振光, 朱明英. 中国城市群 [M]. 合肥: 中国科技大学出版社, 2006.

[115] 仇保兴. 应对机遇与挑战——中国城镇化战略研究主要问题与对策 [M]. 中国建筑工业出版社, 2009.

[116] 熊映梧, 等. 论产业结构优化的适度经济增长 [J]. 经济研究, 1990 (3): 3 -11

[117] 臧旭恒, 等. 产业经济学 [M]. 北京: 经济科学出版社, 2002.

[118] 戴伯勋, 等. 现代产业经济学 [M]. 北京: 经济管理出版社, 2001.

[119] 杨林, 邢开蓉. 充分发挥地方政府和市场在产业结构优化升级中的作用 [J]. 经济问题探索, 2001 (11): 33 -34.

[120] 焦继文, 李冻菊. 再论产业结构合理化的评判标准 [J]. 经济经纬, 2004 (4): 88 -91.

[121] 王德章, 赵大伟, 杜会永. 中国绿色食品产业结构优化与政策创新 [J]. 中国工业经济, 2009 (9): 67 -76.

[122] 吴福象, 王德鑫. 产业融合的产业结构高级化效应——基于土海市六大支柱产业的实证研究 [J]. 南京邮电大学学报: 社会科学版, 2009 (2): 8 -12.

[123] 王小鲁. 城市化与经济增长 [J]. 经济社会体制比较, 2002 (1): 23 -32.

[124] 周毅. 城市化理论的发展与演变 [J]. 城市问题, 2009 (11): 27 -30, 97.

[125] Knox P. Urbanization [J]. International Encyclopedia of Human Geography, 2009: 112 -118.

[126] 崔胜辉, 李方一, 于裕贤, 林剑艺. 城市化与可持续城市化的理论探讨 [J]. 城市发展研究, 2010, 17 (3): 17 -21.

[127] 张樨樨. 我国城市化水平综合评价指标体系研究 [J]. 中国海洋大学学报, 2010 (1): 60 -64.

[128] Carolinc S D. Freund Trade Flows in the Former Soviet Union 1987 to 1996 [J]. Journal of Comparative Economics, 2002, 30 (1): 76 -90.

[129] Matsumoto H. International Urban Systems and Air Passenger and Cargo

Flows Some Calculations [J]. Journal of Air Transport Management, 2004, (10): 241 -249.

[130] Glaeser E L. Learning in Cities [J]. Journal of Urban Economics, 1999, 46 (2): 254 -277.

[131] Fuellhart K. Inter-metropolitan Airport Substitution by Consumers in An Asymmetrical Airfare Environment Harrisburg Philadelphia and Baltimore [J]. Journal of Transport Geography, 2003, (11): 285 -296.

[132] Guo-qiang S. Reverse—Fitting the Gravity Model to Inter - city Airline Passenger Flows by an Algebraic Simplification [J]. Journal of Transport Geography, 2004 (12): 219 -234.

[133] 李红锦，李胜会. 基于引力模型的城市群经济空间联系研究——珠三角城市群的实证研究 [J]. 华南理工大学学报（社会科学版），2011，13 (1): 19 -24.

[134] 程大林，李侃桢，张京祥. 都市圈内部联系与圈层地域界定——南京都市圈的实证研究 [J]. 城市规划，2003，27 (11): 30 -33.

[135] 顾朝林，庞海峰. 基于重力模型的中国城市体系空间联系与层域划分 [J]. 地理研究，2008，27 (1): 1 -12.

[136] 王芳，夏丽华，张太煜. 基于 GIS 的珠江三角洲城市群结构与空间关联研究 [J]. 广州大学学报（自然科学版），2010，9 (1): 47 -53.

[137] 陈群元，宋玉祥. 基于城市流视角的环长株潭城市群空间联系分析 [J]. 经济地理，2011，31 (11): 1840 -1844.

[138] 钟业喜，陆玉麒. 基于空间联系的城市腹地范围划分——以江苏省为例 [J]. 地理科学，2012，32 (5): 536 -543.

[139] 高汝熹. 城市圈域经济论 [M]. 北京: 科学出版社，2001.

[140] 姜博，修春亮，陈才. 辽中南城市群城市流分析与模型阐释 [J]. 经济地理，2008，28 (5): 853 -857.

[141] 陈园园，李宁，丁四保. 城市群空间联系能力与 SOM 神经网络分级研究——以辽中南城市群为例 [J]. 地理科学，2011，31 (12): 1461 -1467.

[142] 李娜. 长三角城市群空间联系与整合 [J]. 地域研究与开发，2011，30 (5): 72 -77.

[143] Levine R. International Financial Liberalization and Economic Growth [J], Review of International Economics, 2001, 9 (4): 688 -702.

[144] Levine R. Finance and Growth: Theory and Evidence [M]. Aghion P, Durlauf S. (Eds.), Hand Book of Economic Growth. Elsevier, 2004.

[145] Tobler W R. Lattice Tuning. Geographical Analysis [M], 1997.

[146] Anselin L. Spatial data analysis with GIS: an introduction to application in the social sciences [M]. Santa Barbara, CA: National Center foe Geographic Information and Analysis, 1992.

[147] 吴玉鸣．中国经济增长与收入分配差异的空间计量经济分析 [M]. 北京：经济科学出版社，2005.

[148] 任英华，徐玲，游万海．金融集聚影响因素空间计量模型及其应用 [J]. 数量经济技术经济研究，2010 (5): 104 -115.

[149] 蔡碧良．我国省际劳动就业及其影响因素的空间计量分析 [D]. 湖南大学，2009.

[150] 吴玉鸣．空间计量经济模型在省域研发与创新中的应用研究 [J]. 数量经济技术经济研究，2006，23 (5): 74 -85，130.

[151] 高远东．中国区域经济增长的空间计量研究 [D]. 重庆大学，2010.

[152] 赵儒煜，刘畅，张锋．中国人口老龄化区域溢出与分布差异的空间计量经济学研究 [J]. 人口研究，2012 (2): 71 -81.

[153] LeSage J P, Pace R K. Introduction to Spatial Econometrics [M]. Boca Raton: CRC Press Taylor & Francis Group, 2009: 73 -75.

[154] Kelejian H H, Prucha I R. A Generalized Spatial Two Stage Least Squares Procedure for Estimating a Spatial Autoregressive Model with Autoregressive Disturbances [J]. Journal of Real Estate Finance and Economics, 1998, 17 (1): 99 -121.

[155] LeSage J P, Pace R K. Introduction to Spatial Econometrics [M]. Boca Raton: Taylor & Francis, 2009.

[156] Elhorst J P. Handbook of Applied Spatial Analysis [M]. Berlin: Springer, 2009: 2 -4.

[157] 里昂惕夫．投入产出法，投入产出经济学 [M]．崔书香，等译．中国统计出版社，1990.

[158] 刘志迎，丰志培．产业关联理论的历史演变及评述 [J]．产业与科技论坛，2006 (1): 6 -9.

[159] 申玉铭，邱灵，王茂军，等．中国生产性服务业产业关联效应分析 [J]．地理学报，2007，62 (8): 821 -830.

[160] 汪云林，付允，李丁．基于投入产出的产业关联研究 [J]．工业技术经济，2008，27 (5): 120 -123.

[161] 贾传亮，胡发胜，孙颖．主成分分析法在产业关联度研究中的应用 [J]．运

筹与管理，2006，15（2）：73－76.

［162］刘宇．产业的关联性分析及其产业选择［J］．中国经济问题，2011（3）：52－67.

［163］方爱丽．基于复杂网络理论的投入产出关联分析［D］．青岛：青岛大学，2008：30－31.

［164］刘刚，郭敏．中国宏观经济多部门网络及其性质的实证研究［J］．经济问题，2009（2）：31－34.

［165］吴晓波，姜雁斌．经济转型：基于网络分析的产业部门角色演化［J］．科学研究，2010（2）：243－249.

［166］吕康娟，付旻杰，等．基于复杂网络的上海产业结构分析［M］．北京：商务印书馆，2010.

［167］王茂军，杨雪春．四川省制造产业关联网络的结构特征分析［J］．地理学报，2011，66（2）：212－222.

［168］杨雪春．北京市产业关联网络结构特征研究［D］．北京：首都师范大学，2011：5.

［169］王茂军，柴箐．北京市产业网络结构特征与调节效应［J］．地理研究，2013，32（3）：543－555.

［170］赵炳新，等．产业复杂网络及其建模——基于山东省实例的研究［J］．经济管理，2011（7）：139－147.

［171］Newman M E J. Detecting Community Structure in Networks［J］. Eur. Phys. J. B，2004（38）：321－330.

［172］刘军．法村社会支持网络的整体结构研究——块模型及其应用［J］．社会，2006，26（3）：70－80.

［173］刘军．整体网分析讲义——UCINET 软件实用指南［M］．上海：上海人民出版社，2009：7.

［174］任义科，杜海峰，陈盈晖．农民工社会网络结构［M］．北京：社会科学文献出版社，2011：9.

［175］孙久文，丁鸿君．京津冀区域经济一体化进程研究［J］. 经济与管理研究，2012（7）：52－58.

［176］祝尔娟．京津冀一体化中的产业升级与整合［J］. 经济地理，2009，29（6）：881－886.

［177］李林杰．建立农业经济宏观评价指标体系的构想［J］. 经济问题，1994（1）：12－15.

[178] 毛晓丹，冯中朝．基于聚类分析的农业循环经济分区模式选择研究——以湖北省为例 [J]．农业现代化研究，2014，35 (4)：403 -409.

[179] 董锋，谭清美，许基南．区域农业循环经济发展评价——以安徽省临泉县为例 [J]．数理统计与管理，2009，28 (6)：1100 -1107.

[180] 易法敏，容贤敏．广东省农业电子商务网站聚类分析 [J]．中国科技论坛，2010 (3)：129 -133.

[181] Yue Y，Huijie Y. Complex network-based time aeries analysis [J]. Physics A，2008 (387)：1381 -1386.

[182] Xiaoke X，Jie Z，Small M. Superfamily phenomena and motifa of networks induced from time series [J]. Proceedings of the National Academy of Sciences of the United States of America，2008 (105)：19601 -19605.

[183] 李向前，郭本海，黄莉．城镇化发展水平视域的城市关联复杂网络模型 [J]．中国管理科学，2013，21 (11)：699 -706.

[184] 裴欣．网络中极大 k-Plex 发现算法和网络社群简历挖掘研究 [D]．北京：北京邮电大学，2008.

[185] Barrat A，Barthelemy M，Pastor S R，Vespignani A. The architecture of complex weighted networks [J]. Proceedings of the National Academy of Sciences of the United States of America，2004，(101)：3747 -3752.

[186] 朱明芬，陈随军．试论都市农业园区功能及其强化对策 [J]．浙江农业学报，2006，18 (1)：7 -11.

[187] 白素霞，陈井安．产业集群向创新集群演化研究 [J]．经济体制改革，2015 (3)．

[188] 肖挺，等．高管团队异质性与商业模式创新绩效关系的实证研究：以服务行业上市公司为例 [J]．中国软科学，2013 (8)．

[189] 刘长云．新一代信息技术引致商业模式创新路径研究 [J]．商业研究，2012 (10)．

[190] 郭海，沈睿．如何将创业机会转化为企业绩效——商业模式创新的中介作用及市场环境的调节作用 [J]．经济理论与经济管理，2014 (3)．

[191] 杜兰英．基于价值共创的商业模式创新研究 [J]．科技进步与对策，2014 (23)．

[192] 陈昭锋．国外政府促进战略性新兴产业发展商业模式的创新 [J]．南通大学学报（社会科学版），2013 (6)．

[193] 刘盟，王晔．商业模式的创新研究综述 [J]．中国商贸，2015 (5)．

[194] Richter M. Business model innovation for sustainable energy：German utilities and renewable energy [J]. Energy Policy，2013.

[195] 王关义，刘希．中国文化创意产业商业模式创新的路径选择 [J]. 首都经济贸易大学学报，2014（3）．

[196] 刘洪昌．战略性新兴产业商业模式创新研究 [J]. 商业研究，2012（34）．

[197] 李飞，等．中国零售企业商业模式成功创新的路径——基于海底捞餐饮公司的案例研究 [J]. 中国软科学，2013（9）．

[198] 富国亮，等．河北省中小装备制造企业研发能力提升策略研究 [J]. 企业技术开发 2014（7）．

[199] 艾烁．河北省中小企业融资的现状与问题 [J]. 石家庄职业技术学院学报，2014（6）．

[200] 于春莉．中小企业信息需求的调查分析 [J]. 情报资料工作，2010（5）．

[201] 王筝．企业信息化商业与技术模式探析 [J]. 中国管理信息化，2009（13）．

[202] 李霞，宋素玲，穆喜产．协同创新的风险分摊与利益分配问题研究 [J]. 科技进步与对策．2008（12）：15－17；

[203] 王志宝等．区域协同创新研究进展与展望 [J]. 软科学．2013（27）：1－4.

[204] 胡源．产业集群中大小企业协同创新的合作博弈 [J]. 科技进步与对策．2012（22）：108－112.

[205] 段晓鹏．商业企业业务流程评价体系的研究与构建 [D]. 重庆大学．

[206] 郭薇．商业企业电子商务应用研究 [J]. 中国商贸．2010（16）：101－102.

[207] 基于管理维度的制造业与物流业协同创新研究 [J]. 科技进步与对策．2012（22）：95－98.

[208] 卢甜甜，谭玲玲．关于我国 B2B 电子商务发展前景的分析 [J]. 科技视界．2012（31）：202，212；

[209] 贾丹阳．电子商务对传统商业模式的影响 [J]. 电子商务．2013（1）：15－16.

[210] 王沁波．传统商业企业的电子商务应用 [J]. 中国市场．2012（45）：44－45.

[211] 项义军，吴敏．我国零售商业企业业务流程再造实证分析 [J]. 边疆经济与文化．2005（4）：48－49.

[212] Watts D J，Strogatz S H. Collective Dynamics of " Small—world" networks [J]. Nature，1998（393）：440－442.

[213] Barabási A-L, Albert R. Emergence of Scaling in Random Net-works [J]. Science, 1999 (286): 509 -512.

[214] 国家统计局国民经济核算司. 中国国民经济核算 [M]. 北京: 中国统计出版社, 2004.

后　记

中共中央总书记、国家主席、中央军委主席习近平于2014年2月26日在北京主持召开座谈会，专题听取京津冀协同发展工作汇报，强调实现京津冀协同发展。

2015年3月5日，李克强总理在第十二届全国人民代表大会第三次会议上，所作的政府工作报告中提出了“互联网+”的概念。

本书是把“互联网+”和京津冀产业协同发展紧密联系在一起的一部著作，所以，课题组成员对以上两位国家领导人对相关议题的一言一行都格外关注。

课题组全体成员一方面紧锣密鼓地按照课题要求和专家意见，认真修改《网络经济背景下京津冀产业协同发展研究》的书稿；另一方面密切关注国务院关于京津冀发展的动向和今年的两会新闻，深刻领会李克强总理的《政府工作报告》。李克强总理在报告中强调：“新兴产业和新兴业态是竞争高地。要实施高端装备、信息网络、集成电路、新能源、新材料、生物医药、航空发动机、燃气轮机等重大项目，把一批新兴产业培育成主导产业。制定‘互联网+’行动计划，推动移动互联网、云计算、大数据、物联网等与现代制造业结合，促进电子商务、工业互联网和互联网金融健康发展，引导互联网企业拓展国际市场。”“互联网+”、“电子商务”、“新兴业态”、“工业互联网”等成为国家经济发展的热词，中国的发展道路和发展模式也成为全世界关注的焦点。

其实，“互联网+”和“电子商务”两个概念并不相同，也不是简单地换了个词，实质是发展的核心从完善业态到创新业态的变化，也意味着全新的发展理念和发展模式。这两个概念是相辅相成的，均属于网络经济的范畴。网络经济的飞速发展，带动了各类产业的创新，这些创新的方向在京津冀地区要符合区域整体发展战略，因此网络经济的发展方向也在一定程度上主导着整个区域其他产业的发展方向。

我们怀着敬意和畏惧，将《网络经济背景下京津冀产业协同发展研究》一书敬献给专家、学者、政府和广大读者。本书为作者2014年承担的河北省社会科学基金项目《互联网视角的京津冀产业协同系统序参数选择与管理》（项目编号“HB14GL033”）的主要成果之一，在研究过程中，课题组全体成员齐心协力、勤勤恳恳，牺牲了一个个节假日，少了很多跟家人、朋友的欢聚。在专家指导和领导的支持和关怀，以及同事们的帮助下，终于完成了书稿的撰写工作，课题组成员感到十分的欣慰，这是本人及课题组同仁们多年来致力于区域发展和网络经济研究的又一个见证，也是新的起点和激励。

在本书的撰写中，课题组进行了合理分工，具体分工如下：前言（董志良），第一章（董志良、陆刚），第二章（董志良、安海岗），第三章（董志良、赵燕娜），第四章（陆刚、董志良），第五章（丁超、董志良），第六章（董志良、陆刚），第七章、第八章、第十章、后记（董志良），第九章（陆刚、董志良）。全书由董志良统稿。

本课题的研究中，河北省社科规划办、河北省社会科学院、河北省商务厅、河北省统计局、河北省发改委宏观经济研究所、石家庄经济学院有关领导给予了关心和支持，尤其河北省发改委宏观经济研究所的李岚老师在项目研究思路中给予了耐心指导，强调了研究的宏观创新思维。在此，本人代表课题组全体成员向这些单位和李岚老师表示衷心感谢。

在本书撰写过程中，参考了很多文献，很多作者的思想和方法使我们受益匪浅，尤其是东北师范大学的王力年博士的毕业论文，对研究的理论影响颇深。在此对编者表示衷心感谢。

由于作者学浅识薄，本书中不免有疏漏或不妥之处，敬请各位专家学者和广大读者批评指正。

董志良

农历乙未年八月初三（2015年9月15日）